お金の動きに強くなる

投資の入口《いりぐち》

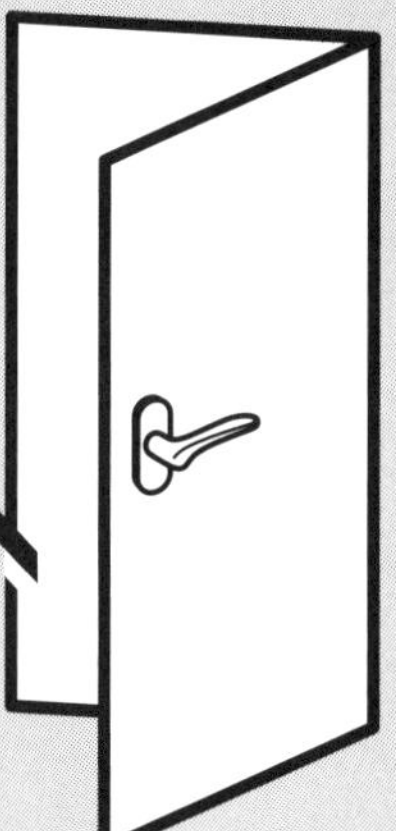

ファイナンシャルアドバイザー
長谷川伸一

SOGO HOREI PUBLISHING CO., LTD

改訂にあたって

「将来のお金が不安」↓**予想がつきづらい時代だからこそ投資で不安を解消**
「なぜ投資が必要なのか？」↓**将来の自分の資産を守るためのリスク分散**
「投資が怖い」↓**投資のルールを学び、情報収集でギャンブル要素を捨てる**
「投資で失敗」↓**自分の性格に合った投資方法と投資マインドを再度構築**
「うまく投資できる自信がない」↓**分析力を高めて、大きな失敗を避ける**

漠然とした「将来のお金の不安」は誰しもが抱いている悩みです。その悩みを解決する一つの選択肢として投資があります。「とりあえず周りがやっているから」で投資は大変危険です。

本書は、投資の重要性を理解し、正しいルールと投資マインドを身につけ、分析しながら、情報に流されず、ローリスクで投資を行えるようになることが目的の書籍です。右記に記載してある事項など、一つひとつ解説しながら、投資の「なぜ」を解決していきます。

本書は2017年4月に総合法令出版より刊行した『知識・資金ゼロからの投資超入門　投資でお金を増やす人、減らす人』を加筆修正したものです。どんな時代であれ、投資との向き合い方は不変なものですが、情報は常に新しく更新していきます。その情報の箇所を大きく加筆しております。

2017年はいまだデフレマインドから抜け出せていない時代でした。株式投資に興味がある方は今ほど多くはいなかったといえます。当時も、貯蓄から投資へと国が呼びかけを続けていましたが、モノの価値が下がっていくデフレ期ではお金が減らなければ実質お金の価値が増加した時代でした。

つまり、物価は下がり、それに伴いお金の価値が上がるため、資産を現金として銀行などに貯金する選択をしていても、大きく損失をこうむることがなかったのです。

しかし、現在はインフレ期に突入してきました。デフレ期とは異なり、物価が上がり、それに伴いお金の価値が下がっていきます。モノの値段が上昇しているので、それにかかる費用が以前より大きくなります。

そのため、資産を現金の形のみで保有していると、資産の価値が減ってしまいます。**今だからこそ、本気で投資に向き合わなければあなたの大切な資産が減ってしまう可能性が大きい**のです。


2024年からは新NISAがスタートしました。積立、成長投資枠も拡充し、国も「貯蓄から投資へ」を以前にも増して後押ししています。「今こそ株式投資へ！」とはいえ、変動する株式（商品）に向き合うのはなかなか骨が折れるものです。

移り変わりが激しい世の中であるため、商品の変動をはっきりと予想するのは投資の初心者でなくともとても難しいのです。しかし、**時代が変わっても投資に対す**

るマインドは昔も今も変わりません。

出版社からの依頼もあり、『知識・資金ゼロからの投資超入門　投資でお金を増やす人、減らす人』に現在の情報を入れ込み、加筆修正を行い、改訂版として刊行する運びとなりました。

ぜひ本書で資産が増える人のマインドと技術を身につけ、インフレ時代を無事に乗り切るヒントにしてもらえれば幸いです。

はじめに

あなたはお金の不安を抱えていませんか？

本書の執筆前に、知人の紹介で30代の会社員の男性から、お金に関する相談をしたいと声がかかりました。

朝早くから夜遅くまで一生懸命働いているけれど、会社の業績は悪く、給与はなかなか上がらない。日々生活をするだけで余裕はなく、ボーナスも上がらないどころか、減っている。結婚して、子どももできたけれど、夫婦のどちらかが病気になったり、職を失ったりすれば、共働きで成り立っている家計は破綻しかねない。「子どもの学費は払えるのだろうか。年金はほとんどもらえないかもしれないし、老後はどうなるのだろう……」

そんな心配が、しばしば頭をかすめるといいます。

このような理由から、少ない元手を少しでも増やしたいと考えて、投資を検討する人は多いのです。でも、いざはじめるとなると、とてもハードルが高く、「自分で適切な投資対象を選び、増やしていけるとは思えない」というのが、その実感するところのようです。

多くの人は、「自分に投資はムリ」「投資はギャンブル」と考え、なかなか手を出しません。

でも、本当に今のままでいいのでしょうか？

「銀行に現金を預けておけば、ほとんど増えなくても減りはしない」

このように考える人がいます。たしかに額面上、お金は減りません。しかし、これからの日本でお金を少しでも増やすためには、投資が特に重要になります。なぜなら日本の政策は、物価が上がり、お金の価値は下がる「インフレ」に向かっているからです。銀行に預けておくだけでは、実際にお金を使うときに、現在の何分の一かの価値に下がっているかもしれません。

多少上昇気味とはいえ、いまだ超低金利でもある今、やみくもに「貯金だけ」しても明るい未来は描けません。

今、**本当に「できるだけローリスクで、少しでも着実にお金を増やす方法」を求めるのなら、「投資」しかありません。**

リスクが怖い人ほど、投資をはじめた方がいいのです。

投資でお金を増やしたいと考えた場合、最も重要なことは、ローリスクかつ、しっかりと伸びていく銘柄を探し、適切に投資できるかどうかです。

「それが難しい……」という人は多いでしょう。

確かに、難しい。でも、そう感じるのは、**目をつけるポイントがズレていることと、お金を増やすための正しいルールを守れていないことが原因**です。

投資でお金を減らしてしまう人の大半は、**信用してはいけないものを信じ、信用すべき情報に疑念を抱いています。**

でもそれは、その人たちの判断が劣っていたり、センスがなかったりするからではありません。それが当たり前の「人の心理」だからです。

その心理をわかったうえで、**「信じるべきものを信じ、見るべきものを見る」**。この正しいルールに沿った行動によって、結果に雲泥の差がつきます。

正しいルールを実践すれば、お金を増やすことはそれほど難しいことではありません。**「コツコツと貯金する」感覚の延長線上**で、できることがたくさんあるのです。

私はファイナンシャルアドバイザーとしてさまざまな所得層の方のご相談を受け、私も顧客に薦《すす》める銘柄を自身で買い、株式投資を行っています。その経験からいっても、投資はごく一部の人だけができる、特別なものではありません。

本書で、投資の基本を学び、投資の正しいルールを知ってください。

お金の不安から脱出するための知恵を身につけていただけたらと思います。

長谷川　伸一

第1章 今すぐ株式投資をすべき5つの理由

第2章

お金を増やす銘柄選択法

第3章

売り方・買い方で、周りと差をつける

第4章

投資は情報収集が9割

第5章

行動経済学で読み解く投資マインド

ブックデザイン：木村　勉
本文ＤＴＰ＆図表制作：横内　俊彦
校正：菅波　さえ子

第1章

今すぐ株式投資をすべき5つの理由

株には「ルール」がある

「やっぱり、株は怖い」

「投資はギャンブルだ」

という人の気持ちは、私にも理解できます。

なぜなら「貯金」こそ、最も安全な資産形成方法だと教えられてきた人がほとんどだからです。

素直な人は、教えられたことをそのまま言葉通りに信じますし、子どもの頃からつくられてきた価値観は、そんなに簡単に変えられるものではありません。

そして、投資で大きな損失を出している人も大勢見かけます。

購入した株が急に下がってしまった場合、大きな損失をこうむってしまいます。

多くの人は、ここで底なし沼に引きずり込まれるような恐怖と不安に駆り立てられ、株が暴落した時期に慌てて換金し損失確定してしまうのです。

つまり、高値で買った株を捨て値で処分します。これを繰り返しているとあなたの資金は底をついてしまうでしょう。


ただ、**投資には「正しいルール」が存在**します。**「これを守ってさえいれば、大きな損失を出すことは少なくなり、着実にお金を増やしていける」**ものです。

大きな損失を出してしまう人は、ほとんどの場合、「魔が差した」「強気になってしまった」といった、ルールを無視した行動をする場合がほとんどです。

ですから、**冷静になり、急騰した銘柄に飛びつくことをやめなければなりません。**


株は当たり前ですが上がり続けることはありません。

毎年、株は何回か急落する場面があります。多くの場合、上昇した反動の調整なので、大きく下落することはありませんが、時々予期せぬニュースが流れたりします。

たとえば２０２３年に米国の地銀シリコンバレーバンクの破綻が起きました。その噂が流れてから米国株が下落し、日本の株価も同時に急落しました。他にも、コロナ暴落も記憶に新しいと思います。

そういうときは、怖がらずに「買い」のタイミングを見計らった方が良いです。

一流のお金を増やす投資家は、急落を安く買えるチャンスと見て、喜んで買う人もいるくらいです。数年待てば結果的に大きく上昇していることを経験から確信しているからです。

株の世界の格言にこんなものがあります。

「天井３日、底１００日」

高値の天井は３日しか続かず、底は１００日も続くという意味です。

株式相場は、長い期間をかけて少しずつ上昇していきますが、下がるときは暴落を何度か繰り返して、まるで坂道を転がり落ちるように一気に下落することもあります。

こうした**相場の法則**を知っていれば怖いことはありません。

だからこそ、**投資には学びが必要**なのです。

学びもせずに「株は怖い」というのは、相手のことを知りもせずに、「あの人は悪者だ」と批判しているようなものです。

きちんと知って、きちんとつき合えば「いい人だった」ということが人間関係においてもあると思います。

株は、正しく学べばあなたの人生を豊かなものにしてくれるのです。

Q A

株式投資は何からはじめたらいいですか？

まずは、証券会社の口座を開設します。

インターネットを検索すれば、証券会社の比較サイトがありますので、そこで自分に合った証券会社を探してみましょう。

口座開設の申し込みもインターネットでできます。免許証やマイナンバーなどの提出書類や、必要書類があなたの自宅へ送られてくる期間など、証券会社によって口座開設までの流れが異なりますので確認が必要です。

貯金は「銀行」に投資しているという考え

現在の日本は、マイナス金利が解除されたとはいえ、貯金の利子がゼロに等しい状況はまだ変わりません。

直前まで導入されたマイナス金利は、日本経済を活性化するために適用されたもので、日本銀行と各金融機関との間での金利がマイナスになってしまうということです。私たちが利用する銀行での金利が、すぐにマイナスになることではありません。

ただ、実際に私たちが預けている銀行の金利が極めて低いことは事実で、大手銀行なら普通預金年利0・02％、大口定期の場合であっても0・025％ほどの数字になっています。

これでは、貯金の魅力はまったくないといっても過言ではありません。

現在は年収400万円時代といわれており、1990年代後半から日本人の平均年収は、年々下がり続けているような状態です。最近やっと持ち直してきていますが400万円台前半です。

これでは、普通に生活していても、月々の給与が丸々生活費に消えてしまったり、急なアクシデントや出費で借金をしてしまったりする人も多いと思います。


このような生活を続けていれば、余裕のなさから、日々の漠然とした不安を覚える人も多いはずです。今の状況をどうにか脱出するために、**数千円のごく少額からでもいいので、投資をはじめてみてください**。

まずは、そのお金を証券会社の口座に入れておくだけでもかまいません。株式投資に利用できる資金を毎月積み立てていくことをオススメします。


給与所得以外でも、収入を得る方法はたくさんあります。マンションを購入してその家賃収入を得たり、売買したりする不動産投資、SNSを活用した副業や優秀なチームをつくって会社を立ち上げるような経営者になったりなどさまざまな方法があります。

しかし、どれも大変そうです。会社員を続けながらやるには、かなりのモチベーションが必要だと思います。

一方、株式投資はどうでしょうか？

スマートフォンを操作するだけで、株を売ることも買うこともできます。毎日、何時間もスマートフォンの画面にしがみつく必要はありません。

もちろん、しがみついてもいいですが、デイトレーダーでない限り、そんな必要はないのです。デイトレーダーとは、1日のうちに株を何度も売り買いする人たちのことです。一瞬、一瞬の小さな動きをとらえて売買します。神経を擦り減らしますし、株の取引で生計を立てているような上級者でなければできないことです。

私は、**デイトレーダーになることをオススメしません**。フルタイムで会社勤務している人にできることではありませんし、リスクが高すぎます。

私がオススメしているのは、**リスクが少なく安定した株式投資**です。

賃金がなかなか上がらず、変化が予測しづらい時代だからこそ、自分の資産を守りながらも給料以外の収入を得る方法を学ぶことが重要です。

それには株式投資が一番適しているのです。

Q

証券会社の口座を開設したら、どんな株を買えばいいですか？

A

「最悪、損してしまっても勉強代だと思えばいいや」

このような感覚でまず少額投資ではじめるといいです。さらに、給料の中から毎月数千円を証券会社の口座に入金して、少しずつ取引の規模を広げていくという方法もあります。月々数千円を証券会社に預けるのであれば、自動積立型の投資信託もあります。目標金額を決めて長期間投資するには便利な仕組みです。

また、ETF（Exchange Traded Funds／上場投資信託）といって投信なのに株と同じようにリアルタイムで売買できるものもありますし、一番わかりやすいのは指数に連動する投資信託です。通常「インデックスファンド」といいます。米国S&P、日本でも日経平均などが有名です。

変化に取り残されないお金の持ち方

1996年に橋本内閣が「日本版金融ビッグバン」をはじめて提唱しました。その後、金融庁が内閣府の外局として設置され、金融審議会が発足されたのです。この金融審議会は金融分野の消費者教育の重要性を指摘しています。

2001年には、小泉内閣が「骨太の方針」を打ち出しました。その中に証券市場の構造改革プログラムも組み込まれていました。このとき、**政府は明確に「貯蓄から投資へ」との転換期であることを内外に示した**のです。

戦後間もない頃は、国策として貯蓄の増強が金融教育の最大のテーマでした。もともと日本には倹約の精神があり「貯蓄は美徳」という社会的風土があり、経済成長率が高い時代は金利も高かったので貯金は国民も受け入れやすかったといえます。

ところが、80年代に欧米との間で貿易摩擦が起こりました。「過剰な貯蓄が貿易黒字の根源である」という日本に対する批判が集中したのです。こうした批判をかわすためにも政府は「貯蓄増強」という看板を下ろさざるを得ませんでした。

さらに、グローバル化の波は金融分野にも押し寄せてきます。

日本政府も外圧に押される形で金融分野の規制緩和、国際化、自由化を進めました。世界中で投資マネーが動く時代が到来したのです。

個人においては、貯金しても利子がほとんどつかないという時代になりました。

特に直近の金利状況は、1年間定期預金したとしても、それにつく金利は0・02%程度です。100万円を預けたとすると200円の金利しかつきません。これでは、老後に貯金を切り崩して生活しなければなりません。

株式の場合は、1年間のトータルで、5%程度の利益を生むことはざらにあります。100万円を株式投資に投入すれば、5万円の利益が出る計算です。

他にも、配当をもらうという方法があります。

たとえば、一株あたりの配当が50円だとして、1000株買っておけば5万円の配当金が出ます。株価1000円の株を1000株買うと100万円、その投資で5万円の配当金が出るのです。

配当金をもらえるかどうかは企業によって異なります。**配当金は「権利付き最終日」に株を保有していればもらえます**。

「権利付き最終日」とは「配当権利確定日」から計算します。「配当権利確定日」は、基本的には決算月の月末になり、月末が土日、祝日の場合は、その前の営業日が権利確定日になります。

ただ、これはあくまでも配当がもらえる権利が確定する日です。この日に株を購入するのでは手遅れということになります。

「この日に確定するので、少なくともその前には株を買っておいてね」という日がありそれを「権利付き最終日」といいます。これが「配当権利確定日」の2

[権利確定日までの日程]

この日までに株を買えば配当・優待がもらえる

26日	27日	28日	29日	30日	31日
(木)	(金)	(土)	(日)	(月)	(火)
	権利付き最終日	非営業日	非営業日	権利落ち日	権利確定日（決算日）
	2日前			1日前	

権利の確定日の2営業日（土日含まず）までに株を購入する

営業日前です。

　つまり、**配当をもらうには「権利付き最終日」までにその企業の株を購入しなければいけません。**この「権利付き最終日」が重要です。数日、株を持っているだけで配当金がもらえるのです。

　ただし、「権利付き最終日」の翌日には「配当落」といって、理論上はその金額分株価は下落しますので、気をつける必要があります。

　時代は「貯蓄から投資へ」と転換しています。

すでに大きなパラダイムシフトは起きているのです。その時代の変化に気づかず、いまだに「貯蓄が大切」と思っているようでは、老後に破綻したとしても、自己責任といわざるを得ません。

自分を守るためにも、株式投資というお金の勉強をしなければいけないのです。

A　Q

配当金はどうやって受け取ればいいですか？

配当金をいつ、どのように受け取るかは、企業によって異なります。権利確定日の2カ月後か、3カ月後が多いようです。

どのように受け取るかも企業によって違いがあります。

配当金書類が郵送されてきますので、それを郵便局や銀行窓口へ持って行って現金に替えてもらう、銀行口座へ入金してもらう、証券口座にそのまま入ってくるなどのケースもあります。

このあたりは、証券会社のサイトに詳しく解説がありますので、確認しておきましょう。但しNISAを利用する場合には証券口座に直接入金するコースを選ぶことになります。

世界の流れを読む力

グローバル化は今よりも一層加速することが予想されます。経済的活動も文化的、社会的活動も国家や地域という境界がなくなっていくのです。

特に最近は円安も相まって海外からの観光客も増加しています。

外国人労働者も今よりも増して、日本へきます。安い賃金で一生懸命に働く人や国を限定せずとも通用する優秀な人材が、大勢日本に入ってくるのです。

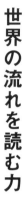

たとえば、ファーストリテイリングという会社があります。ユニクロなどの衣料品を扱う会社を傘下に持つ、持ち株会社です。積極的に海外展開をしており、世界のカジュアル衣料の売上は第4位です。

ファーストリテイリングは、全世界で働く正社員すべてと役員の賃金体系を統一する「世界同一賃金」を掲げています。

これは、日本企業だからといって日本人をひいき目にしていた評価基準を改め、どの国でもどこの国籍でも公平に評価するものです。

欧米のグローバル企業では当たり前の制度ですが、日本人には馴染みがなく戸惑う社員もいたようです。

ファーストリテイリングほどのグローバル企業で働く人は、まだ少ないとは思いますが、これから業績が上がっていくのは、世界と戦える力を持った企業が多くなります。

その中で、こういった**世界の流れを意識できるかどうかは、今後の働き方、生き方に影響を与えます。**

世の中の流れを意識しながら、自らのスキルを上げていく人と、目の前の仕事をただがむしゃらにこなしていく人の間には、やがて大きな差が生まれます。

投資をしていると、日本経済についてだけでなく、世界の流れまで見えてくるよ

うになります。

私の友人で株式投資を20年以上行っている男性がいます。突然、勤めていたIT企業が倒産し、失業してしまいました。

しかし、彼は投資をしていたことで、世の中の流れを掴んでいたのです。彼は「癒し産業が伸びる」と考え、失業する前から整体師の専門学校へ入学して、整体のスキルを得ていました。今では自分の治療院を開業し、軌道に乗っています。

彼は、投資をしていたことで、**流れを読む力、職を失ったときの保障（生活費や開業費、学費）など、多くのものを得ていました。**

お金を増やす人は、世界の流れを敏感に感じ取ることができるのです。

A Q

株主優待はどうすればもらえますか？

株主優待も配当と同じように「権利付き最終日」に株を保有していればもらえます。

ただし、保有している株数によってもらえる内容が異なります。

たとえば、日本マクドナルドホールディングス株式会社の場合、バーガー類、サイドメニュー、飲み物などの商品の無料引換券シート6枚が1冊になったものがもらえます。100株から200株保有している人には1冊。300株から400株保有している人には3冊。500株以上は5冊という内容になっています。

それらが約3カ月後に郵送されてきます。

資産を自分で守る時代の到来

老後の生活のすべてを、年金頼りにしようと考えている人は、あまりいないのではないかと思います。

今の30～40代の人の年金支給額がゼロになることはないはずですが、年金だけに頼って老後を過ごすことは、ほとんどの人が経済的に厳しい状況となるでしょう。

ただ、老後のための資産形成が必要なことがわかっていても、「できるだけ貯金する」「個人年金保険に加入する」といったことが主な対策で、十分に準備できている人は少ないのが実情です。

国や大企業が用意した盤石な仕組みであったとしても、時代が変われば、その仕組みが当時のように機能しないことはよくあります。

世の中は刻々と変化しています。少子高齢化はますます進みますし、地方自治体も財政破綻する時代です。誰もが知る大企業も、突然倒産してしまいます。
そういう時代を豊かに生きるにはどうすればいいのか。

1つ目は、**新しいことを積極的に学びスキルアップすること。**
2つ目は、**家族や友人などの人間関係を大切にすること。**
3つ目は、**複数の収入源を持つこと。**

そのためにも、株式投資で第二の収入源を持つことを学ぶ必要があるのです。
投資の世界では**「卵は1つのカゴに盛ってはいけない」**という格言があります。1つのカゴにすべての卵を入れておくと、カゴを落とした場合に、全部の卵が割れてしまう可能性が高いです。ですから、複数のカゴに分散して卵を入れておきなさいという意味です。つまり、**リスクを分散することが最も大切な考え**なのです。

副業を容認する企業も増えていますから、第二の収入源を持つために、副業をするのも一つの手といえます。

ただ、投資であれば、本業で疲れ果てている体に鞭打って、働くこともありませんし、副業が認められていない会社でも、堂々と収入を得ることができます。

お金を増やす人は、国や企業、制度に依存せず、「自分の身は自分で守る」という意識を持てる人でもあるのです。

これが、最も安全な自己防衛方法といえます。

Q A

株はどうして毎日値段が変わるのですか？

スーパーなどで野菜や魚、肉などの食材を購入するときに、「最近◯◯の値段が上がっているな」などと感じたことがあると思います。気候などによる出荷量の変動や天気などで、毎日食材の値段が違うのです。

日常生活から見ても、このようにモノの値段は、需要と供給のバランスで決まっています。

つまり、その食材を「買いたい」という人が多ければ値段は上がりますし、その食材を「売りたい」という人が多ければ値段は下がるのです。

この方式は株も同じです。

その会社の株を「買いたい」という人が多ければ株価は上がりますし、「売りた

い」という人が多くなると株価は下がります。

野菜や魚の市場は権利を持った専門家でなければ入れませんが、株式市場は、一般の方でも証券会社に口座を開設していれば誰でも売り買いができます。株式市場では、毎日たくさんの人たちが株を売り買いしていて、その需給関係によって毎日株の値段が変動するのです。

第2章

お金を増やす銘柄選択法

「なぜ？」「理由は？」自分の中で考える癖をつける

株式投資でお金を減らしてしまう人の多くは、たった一つの指標に固執しています。

たとえば、ＰＥＲ（**株価収益率**）という数値があります。この数値が低いほどその株が割安であることがわかる便利な指標です。**標準的なＰＥＲは約15倍。これよりも低ければ割安な株で「買い」、これよりも高ければ割高な株で「売り」**となります。

そのため、銘柄選択時にＰＥＲにこだわる投資家は多いのです。ＰＥＲは、次の公式で計算します。

時価総額÷純利益＝ＰＥＲ

時価総額とは、「その日の株価」×「発行済みの株数」で計算する、企業価値を評価する数値です。日本で一番時価総額が高い企業はトヨタ自動車で5兆円を超えています。

利益がたくさん出ているのに、時価総額が低い場合、PERの数値は低くなります。つまり、**「業績がいいのに株価は安い」＝「割安」**となるのです。

しかし、PERだけを見て「PERが低いから割安だ」と買い注文を入れるのは、あまり得策ではありません。

お金を増やしていく人はPERに固執せず、**複数の情報を集めてから銘柄を決めるのです。**

なぜなら、PERは万能ではなく、思わぬ落とし穴があるからです。たとえば、その企業が持っている不動産を売却すれば一時的に利益が出ます。本業の売上が下がり業績は赤字だったとしても、一時的にPERが割安な数値を示すことはあるのです。こういった株は、その後急激に株価が下がる可能性があります。

逆に、**ＰＥＲの低い企業ばかり探していると成長率の高い企業を見落としてしまうことがあります。**たとえば、新しい分野の企業で、設備投資にかなりの資金が必要な場合、ＰＥＲの数値は割安にはなりません。

しかし、高い確率で成長が見込まれる分野だとしたら、株価のさらなる上昇が予想されます。ＰＥＲに固執していると、こうした銘柄を買えません。

Amazonなどは、創業当初は赤字が続いていました。しかし、売上は確実に伸びていましたし、成長分野の事業ですから株価はどんどん上がっていきました。**赤字では、ＰＥＲの数値が算出されません。**ＰＥＲという指標しか見ていなければ、こうした高成長銘柄を選べないのです。

ＰＥＲが低い場合、その理由を調べることです。「どうしてこんなにＰＥＲが低いのだろう？」と考える癖をつけることが大切です。

たとえば、「不人気業種ではないか」「業績が頭打ちで成長性がないのではない

[PERの計算式と目安]

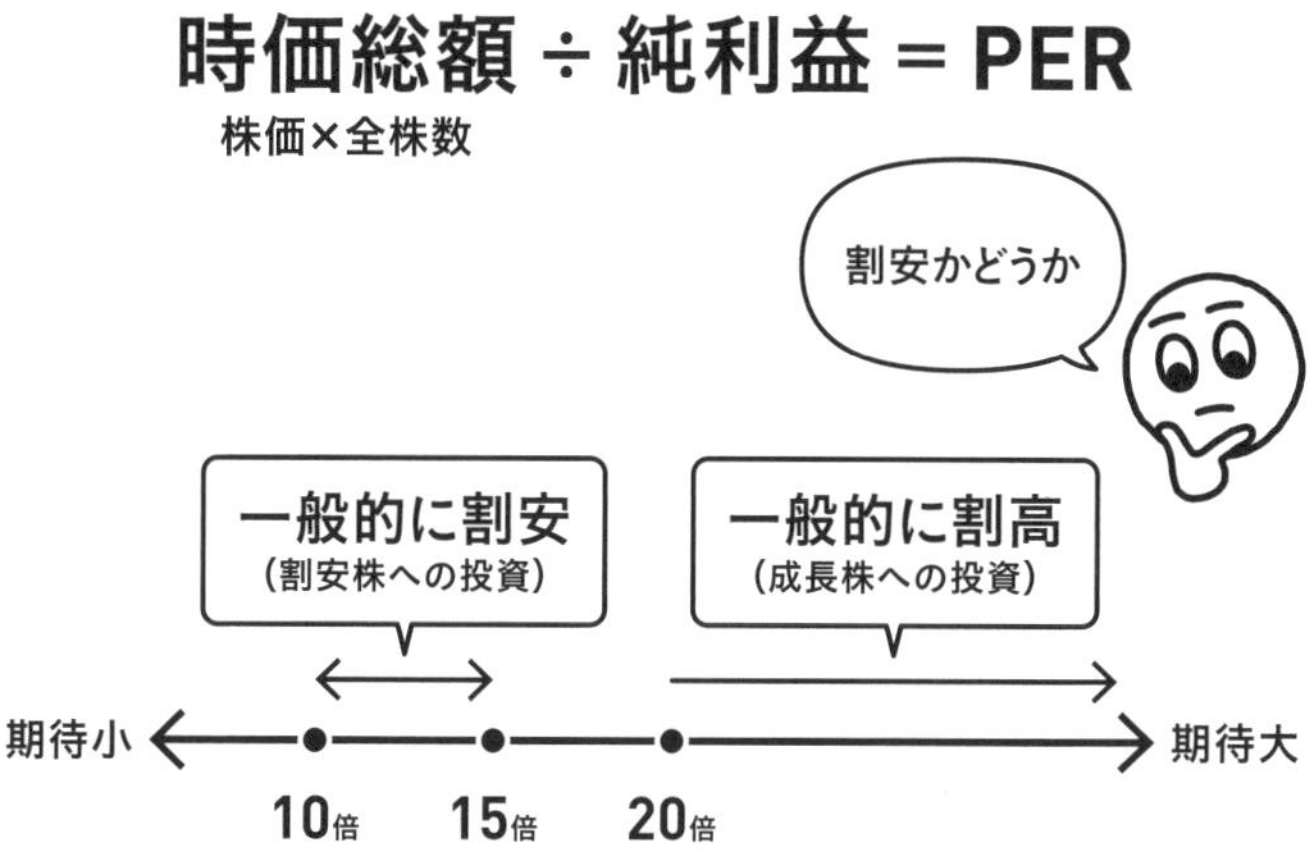

か」「地味でアピール不足の会社の可能性はないか」などです。

株式投資は人気投票の一面があります。そもそも人気がわかりづらい業界だったり、成長性がないと思われる会社はなかなか買われません。アピール不足の会社も結構あります。

こうした会社の株を買ってしまうと、長期保有してもまったく上昇しないこともあります。ただし、配当金が高く、過去に配当の減額もない会社の場合、長期保有であれば検討してもよいといえます。配当利回り5％の会社の株を10年持てば、50％の配当金を受け取れます。２割下落しても30％儲かり、年利回り３％の金融商品を持ったことになります。

こうしたことをなくすには以下の行動も一手です。

まず業績を見ます。「株探」というサイトの例で説明すると、企業名か証券コード（銘柄コード）を入力すれば、その会社のページが出てきます。そこに業績推移の表があるので、売上が伸びているか、利益が出ているか、配当が出ているかなどをチェックします。

証券コードとは、すべての上場企業についている識別番号のことです。トヨタ自動車は「７２０３」、ソフトバンクグループは「９９８４」というように識別するための番号があります。

「株探」の、会社ページには、その会社に関連したニュースが掲載されています。「会社開示情報」を見れば、その会社が発表した資料を閲覧できます。そうした資料に目を通し、業績が上昇している理由や逆に悪くなった理由などを見つけるのです。

次に、事業内容をチェックします。その企業のHPに行くと、どのようなサービスを展開しているか、どのような商品が発売されているかがわかります。そこで、**同業他社との差別的優位性があるか、将来有望かを考えます。**

PERが低く、業績も伸びており、将来有望な会社の銘柄は「買い」です。

日本経済全体は低成長の時代ですが、僅か2年間で、株価が10倍に上昇した例もあり、伸びている会社もあるのです。

Q

日経平均株価は日本企業すべての平均なのですか？

A

日本企業すべてを計算したわけではありません。

「日経平均」とは、日本経済新聞社が算出している指標で、東証プライム市場で幅広く取引されている中の225社の銘柄を対象とした平均株価です。

ただし、この「日経平均」には大きな落とし穴があります。日経平均は、単純平均なので、値がさ株（株価の水準が高い銘柄）の影響を強く受ける傾向があるのです。

たとえばユニクロを経営するファーストリテイリングは4万円程度、生成AIの隆盛で湧く半導体製造の東京エレクトロンも3万円前後の値がさ株で、投資家たちがこういった企業を大きく買うだけで日経平均を押し上げることがあるのです。

機関投資家などは、TOPIXにむしろ注目しています（東証プライムに上場している株の時価総額の合計を終値ベースで評価し、基準日である1968年1月4日の時価総額を100として、新規上場・廃止・増減資・分割などにより修正され、指数化したもの）。

また日本経済が成長しているかどうかを知りたいのであれば東京証券取引所上場のすべての株式時価総額（株価×発行済み株数）で比較すべきです。

バブル期の1989年の時価総額は591兆円でした。2024年2月では、908兆円に達しています。

この数字から推測すると日本経済は間違いなく成長しているといえるのです。

シグナルを見落とさないアンテナを持つ

株式ニュースには、毎日株式に有利になる情報が流れています。「株探」のサイトにも、どこの会社が上方修正し、日本企業のどこが米国の大手企業と提携したのか、新たな政策がいつ発表されるかなど、株価に影響を与えそうなニュースが毎日更新されています。

そうした**有力材料にピンとくるアンテナを持っているかが、投資の勝敗を決める**といっても過言ではありません。

たとえば、まだ記憶に新しいコロナ禍では、人々が家にこもるようになり企業はモノがまったく売れなくなりました。多くの企業や個人がインターネットで販売をしたくても販売ツールがなければ売れません。

そこで注目されたのがEC向けプラットフォームの作成業者です。BASEという会社が上場しており、モノを欲しがる個人と売りたい企業や個人事業主の間に立ち、まさに救いの神として株式市場に強烈に認知されたのです。

株価はコロナ禍になる寸前の2020年2月頃は1000円程度でしたが、なんと2021年10月には17000円を超える上昇（約17倍）になりました。また病院やクリニックにも体調不良程度では受診が困難になりました。同じような時期に上昇してきたのはオンライン診療システムを手掛けるメドレーでした。ある程度の病気であればこのシステムでスムーズに診療が行われます。こうして認知度が高まると2020年2月頃1500円程度であった株価は2021年10月に7300円を超えました（約5倍）。

これらはコロナ禍という状況だったからこそ、より話題になった銘柄です。

つまり、**アンテナを張っておけば、それだけ大きな投資チャンスがあった**ということです。

このちょっとした変化、新聞やニュースなどにもそうしたヒントはたくさんあふ

れています。

コロナ禍で国民が生活に不自由を感じている中、政府はマスクをするかしないかは「個人判断」に任せるといった方針転換を２０２３年に行いました。３月13日からマスクを解禁するという報道も大きく放送されました。

そのときに人の移動が今後増加し「電車に乗る人が増えそう」と判断し、ＪＲ東日本などの鉄道株を買った人も大きな利益を得ています。

もちろん、逆のパターンもあります。株価は高いところで推移しているのに、実際の店舗へ行ってみると、さっぱり人が入っておらず人気がないという会社もあります。そういった会社の株価は早晩下がります。

投資でお金を増やす人は、こうした**シグナルを見落としません**。

まずは、あなたも自分の目を信じて判断してみてください。

A Q

円安になると株価が上がるのはなぜですか？

自動車や電機メーカーなどの輸出企業は、円安になると商品を輸出しやすくなり、ドル高で名目上の収益が増える場合があります。企業の利益が増えることを見越して株が買われるのです。日本は輸出企業の存在感が強く、円安になると日本企業の株全体が上がりやすく、**外国人投資家や国内の個人投資家たちは、「円安＝日本株が上がる」というイメージを持っている**ので、円安になったら買い注文が殺到し、株価が上昇していくわけです。反対に、電力、ガスなどの輸入企業にとっては、円高の方がメリットになる場合もあります。デフレ化が蔓延していた日本では価格転嫁ができず円安下ではマイナスでしたが、最近は競争力がある企業であれば値上げが可能になり、以前ほどマイナスとはならなくなるケースも出てきました。

ローリスク投資の3つのポイント

株式投資でお金を減らしてしまう人は、飛び込んできたニュースやブームをあまり吟味せずに飛びつく傾向があります。

「カジノ法案が成立」と聞けば関連会社の株を買い、ポケモンGOやゼルダの伝説が話題になれば、すぐに任天堂の株を買う。うまく売り抜ければ良いですが、こうしたニュースだけで株を売買する投資家は短期投資家が多いといえます。

そのため、売り買いが交錯しやすく高値掴みをしてしまい、往々にして売るタイミングを逃し、失敗してしまう人が多いのです。

やはり、**ローリスク投資をするためには、中長期的に株価が上がり続けるかどうかを吟味する**必要があります。

インバウンド消費（訪日外国人観光客による日本国内での消費活動）として、中国人観光客の爆買いが以前話題になりました。これにより、ラオックス、ドン・キホーテ、ビックカメラ、その他ホテルや百貨店などが、インバウンド関連銘柄として株価を上げたのです。

しかし、爆買いはさほど長続きしませんでした。爆買いをあてにしていた企業は次々と業績不振に陥り、株価も大幅に下がっていきました。

一時のブームで株を購入するのは危険です。ブームがニュースになったときには、すでに株価は高値になっています。もっと上がると期待していると急にブームは去り、株価は一気に下がります。

「噂で買って、ニュースで売れ」という相場の格言があります。この意味は、「好材料（株価に対してプラスになる情報）を入手したのであれば、それが噂の段階で株を購入し、間違いのない事実だとわかり、株価が大きく値上がりしたときに売れば確実に儲かる」ということです。もし短期で儲けたいのであれば、胸に刻む必要があります。

先程の例でいうと、中国人観光客が爆買いするらしいという噂の段階で関連株を買い、ニュースになったところで売るということになります。

しかし、噂が本当になるかどうかはわかりません。やはり**初心者は、短期での取引は控えた方が安心**です。

他にこんな事例もあります。

2023年4月に上場したispaceという宇宙ベンチャーです。月面探査プログラムのミッションの成功を期待し、株価は公募価格の9倍、初値から2週間で2倍以上に上昇しました。しかし、月面への軟着陸に失敗し、株価は急落し1カ月足らずで3分の1ほどになりました。成功すればさらに人気になる可能性がありましたが、失敗というリスクに対して株価は下落するしかありませんでした。

これは開発型薬品ベンチャーにも当てはまります。開発が途中で打ち切りになったりすれば期待値で上がっていた株は一瞬で急落してしまいます。

また、そーせいという創薬ベンチャーがあり、糖尿病の抗肥満薬を注射ではなく飲み薬のタイプで行えるとして、とても期待されて株が買われていました。しかし開発の打ち切りが決まってしまい、株価は3日で半値になったのです。

こういった株は、短期で勝負する場合にはいいのですが、中長期で株を保有するのには向きません。業績の中期的な成長が「今ないものが成功すれば」という期待値だけで株価が形成されているからです。

特殊技術が必要で、新規参入しづらい分野の会社は業績が伸び続けます。参入障壁の有無も吟味する基準になりますので、覚えておいた方がいいです。特殊技術を持つなど、注目すべき会社のポイントは、次の3つです。

❶ 一時のブームに乗らない

❷ 他社にはない技術やブランドを持っている

❸ リピートされやすい

この3つの基準をクリアしている会社の1つが、東京ディズニーランドを運営するオリエンタルランドです。レジャー産業はいろいろありますが、ディズニーの世界観は世界中を魅了します。毎年のように入場料を値上げしていますが、値段がいくら高くても満喫したい人たちが大勢います。年に何回も行く人も多いです。

数ある世界の車業界で時価総額世界TOP10の常連にフェラーリがあります。超高級車ですがこれもブームではないです。あの独特なエンジン音と洗練されたデザインは絶対的なブランド力であり、フェラーリ愛好家は買い替えてもまたフェラーリを選択する方が多いといいます。

また、ユニクロを展開するファーストリテイリングも昔フリースブームで業績が振り回される時代がありましたが、現在は機能的でファッション性が高く比較的値段の安い衣料品を扱う店舗として世界に認識されました。ファストファッションの世界ではH&MやZARAが世界的に有名ですが、ユニクロは日本だけではなく、中国でも成功し、今やファッションの聖地ともいえる欧米でも成功を収めています。

衣料品は一定の買い替えニーズが発生する業種であり、品質に納得感が強まればリピートされる確率も自ずと上がります。

このように**ビジネスモデルの中に、リピート客を育てる工夫がある会社も伸びる**のです。

Q

何が原因で株価が動くのですか？

A

❶円安になると輸出している企業の株価が上がる
❷景気がよくなると全体的に株価が上がる
❸業績のいい企業の株価は上がる
❹政策や政局の変化が株価を動かす。金融緩和政策が発表されると景気回復の期待から株価は上がる
❺自然災害や天候によって株価は変わる
❻海外市場の動向が日本の株式市場に大きな影響を与える
❼金利が低下すると株価が上がる（金利が低下すると企業は銀行からお金を借りやすくなるため、設備投資しやすくなり企業は成長発展する）

業績や株価の変動も考慮する

配当や優待は、「確実に入ってくる利益」です。配当や優待は、株価がどう変わろうが、取得した株数に従って株主に還元されます。

しかし、これだけで銘柄を選んでいると、お金を減らす人になってしまいます。やはり、お金を増やす人は、**配当や優待だけでなく、業績もしっかりと見て、伸びる会社かどうかを吟味**します。

新NISAで枠が拡大され成長投資枠の上位にあおぞら銀行が入っていました。値上がりはともかく、配当金の20%が非課税になる魅力は大きく5%程度の配当金利回りが見込まれており、個人の株主比率は約6割の人気銘柄でした。

しかし米国のオフィス向け融資で多額の引当金を計上することになり、今下期の配当を見送るとの報道で株価は急落しました。

高い配当金は確かに魅力的ですが、四季報を見ると「米国不動産市場の軟調が想定超で与信費用急膨張」と出ていました。会社比弱気とも出ており、企業業績の向上を期待するには難しかったかもしれません。

2000年前後の古い話ですが、「ワタミの株主優待がお得だ」と、ワタミの株は人気がありました。しかし業績を見ると、あまり芳しくなくなってきました。居酒屋であるため、過当競争にさらされていたこと、飲酒運転の規制強化によって郊外店の売上が低迷していたことなどが理由として考えられます。最終的には、ブラック企業の評判により、業績が悪化し、株価も下がってしまいました。「確実に入ってくる利益」である優待も、当初は土日も使える金額に制限のない食事券だったのですが、使用できる日や金額も制限されるようになり、当初の優待の魅力も薄れてしまいました。

他の事例でいえば、プラネックスHDという会社はアマゾンジャパンのギフト券が株主優待として配当されていました。２０１３年の春頃の株価は６００円台、配当利回りは3％程度でした。利回りが飛び抜けていいわけではありませんが、アマゾンジャパンのギフト券は金券と同じですから、実質の配当利回りを考えるとかなり魅力的でした。そのため多くの個人投資家がこの会社の株を買いました。ところが、２０１４年5月にこの会社が業績の発表をします。それは「下方修正」でした。

つまり、営業黒字から営業赤字に転落したと発表したのです。その結果、配当予想は無配となり、お目当ての株主優待は中止となりました。さらに8月にはＭＢＯで株式非公開化し、上場廃止になりました。

配当や優待がどんなに良くても、業績が悪ければ配当や優待そのものも減ってしまう場合があります。配当と優待だけで銘柄を選ぶのは危険なことなのです。

Q A

銘柄を探すとき、どんな条件で選べばいいですか？

中長期で投資する場合、最も重要なのは業績です。その企業の業績が好調かどうかを見なければいけません。ほとんどの企業は業績予想を発表しています。

この予想数値と実際の数値に差異が発生したとき、企業は業績予想の修正を発表します。この予想数値を高く変更することを「**上方修正**」といいます。「**上方修正**」するということは、業績が好調だということを意味します。

「株探」というサイトの中の、「決算速報」や「市場ニュース」を見ると、「上方修正」した企業の情報が書いてあります。気になる会社があればHPのIR情報を調べ、過去のニュース等で何度か上方修正を繰り返している会社であれば、かなり信頼できます。

ただし短期的に人気化しすぎたりして、株価の乱高下につながるときもあり、株価に振り回されることがあります。少し株価が落ち着くのを待って買いを検討するのもいいでしょう。

投資スタンスは中長期で

短期で取引するのと、中長期で取引するとでは、投資スタンスが異なります。

しかし、お金を減らす人たちは短期と中長期の区別なく銘柄を選んでしまいます。株価は時として、業績に沿った動きではなく、思惑や噂などで乱高下することがあります。さらに一部の人の売り買いで大きく変動することもあります。予測がしづらい世の中ですので、**少しでもローリスクで投資を行うためには、短期よりも中長期で取引することが大切**です。

投資スタイルは無数にありますが、代表的な投資スタイルを5つ紹介します。初心者の方は、まずこのスタイルを実践することで、自分に向いている良い方法や最終的には自分自身に合った「自分だけのスタイル」を確立していけると思います。

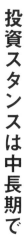

[投資期間ごとの特徴]

	中長期投資	短期投資	デイトレード
期間	数カ月〜数年	数日〜数週間	数時間
手法	複数の情報を分析し、ローリスクながらも大きな差益を狙う	短期間での売買を繰り返し、小さな成果の積み重ねを狙う	1日に何度も売買を行い、リスクが高い

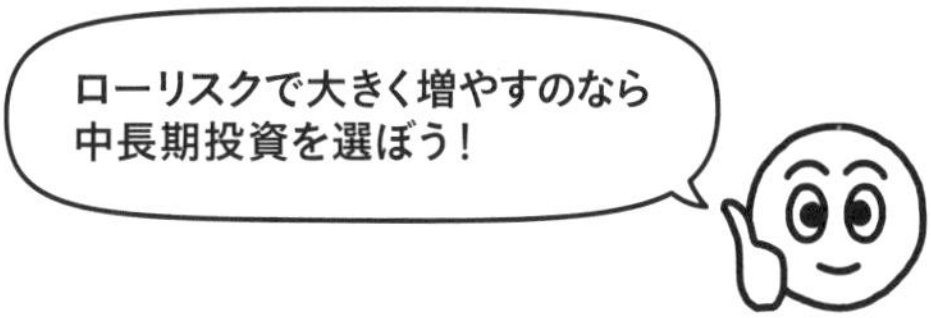
ローリスクで大きく増やすのなら
中長期投資を選ぼう！

❶ 複数の数値と企業情報を収集し、伸びていきそうな会社の株を中長期に売買する

❷ 成長分野の銘柄を株価が低いときに買っておいて、長期にわたり保有し、株価が上がったところで売る

❸ 上昇トレンドに入った銘柄が押し目になったところで買い、中期的に保有し上がったところで売る

❹ チャート上でゴールデンクロスの出た銘柄を短期で売買する

❺ 好材料のニュースが出た銘柄を短期に売買する

Q チャートの見方がわかりません。「ローソク足」って何ですか？

A

チャートは株価をグラフで表現したものです。基本的なチャートは**「ローソク足」「移動平均線」「出来高」**で構成されています。その中の「ローソク足」は、1日の株価の動きを表したものです。

その日の**はじめについた株価を「始値」**といいます。株式市場がオープンする朝9時の株価です。株式市場は午後3時に終了します。その日の**最後の株価を「終値」**といいます。

また、**1日のうちで一番高い株価を「高値」、一番安い株価を「安値」**といいます。「始値」「終値」「高値」「安値」の4つの株価を、ローソクとヒゲを使って表現したものが「ローソク足」です。始値よりも終値が高かったときは「陽線」といい、

[ローソク足の基本]

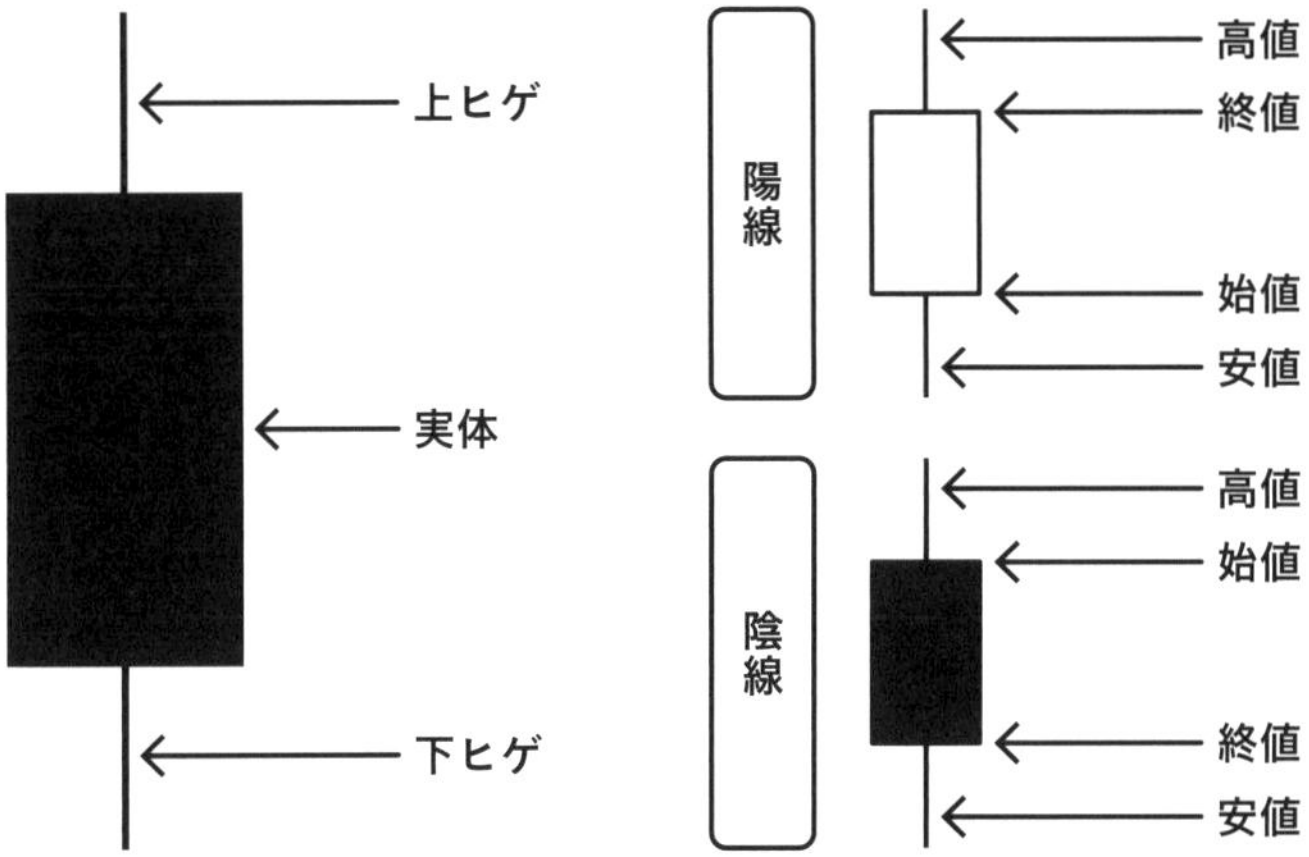

白いローソクで表し、始値よりも終値が安かったときは「陰線」といい、黒いローソクで描かれます。

このことから、次のようなことが読み取れます。

❶ 陽線が何本も続くと、今後の値上がりが期待できる

❷ 下降トレンドで長い下ヒゲが出ると、上昇トレンドに変わった可能性アリ

❸ 何本も陽線が出た後、長い陰線が出た場合は、下降トレンドに転換した可能性アリ

株価の流れを見る

株式投資は、株価が上昇したときだけでなく、下降したときにも利益を出すことができます。これを「空売り（信用売り）」といいます。

空売りは、証券会社に株を借りて、売ります。実際に持っていない株を売るので「空売り」といわれているのです。

売った株価よりも価格が下がったところで株を買い戻し、株を証券会社に返します。それが「空売り」の仕組みです。

株価に影響を与える情報（材料）が発表されると、そのニュースで株価が変動するような株のことを**「材料株」**といいます。お金を減らす人は、この材料株を**安易に空売りしてしまい、大きな損失を出してしまう**のです。

２０１４年に、ラオックスの株に空売りが急増したことがありました。赤字続きの会社で、中国資本が入ってなんとか細々とやっていた会社です。

株価は50円台を低迷していました。完全な負け組で潰れかけている会社だと業界で囁《ささや》かれていましたし、さまざまな報道もありました。

ところが、ラオックスの株価は８月から大きく上昇しはじめます。50円だった株価が10月には１５０円、11月には２００円、12月には３００円を超えていきました。

このとき、多くの投資家たちは「どうせ下がるだろう」と思い、空売りを増やしたのです。空売りの数は８月初旬で３００万株、後半には１５００万株、10月には３０００万株、11月には４０００万株を超えたのです。

最終的に株価は５００円まで上昇しました。約10倍も大化けしたのです。株価が50円のときに空売りした人は大損したことでしょう。

これは中国人観光客がラオックスで家電を爆買いしたおかげで業績が上向きになったのです。

ところが、中国人の爆買いも一時的なもので終焉《しゅうえん》します。炊飯器や温水洗浄便座などの家電が飛ぶように売れていたのが、彼らの関心が医薬品や化粧品などに移ったことで、ラオックスは再び業績が悪化します。株価も５００円から70円まで下がりました。結局、元に戻ったのです。５００円で空売りしていれば、大変な利益となります。

しかし、お金を増やす人は５００円の段階で空売りはしません。まだ上昇する可能性があるからです。

お金を増やす人は、５００円だった株価が３００円くらいまで下がったところで、**完全にトレンドが崩れたことを確認して空売り**します。業績が悪くて赤字続きだからといって安易に空売りしないものです。

トレンドが崩れたかどうかは**移動平均線**を見ます。株価の流れのことをトレンドといい、**上がり続けている状態を「上昇トレンド」**、**株価が下落している状態を「下降トレンド」といいます。**

株価が下がり、移動平均線も下がってきたら、一般的には崩れたと見ていいでし

[上昇トレンドと下降トレンド]

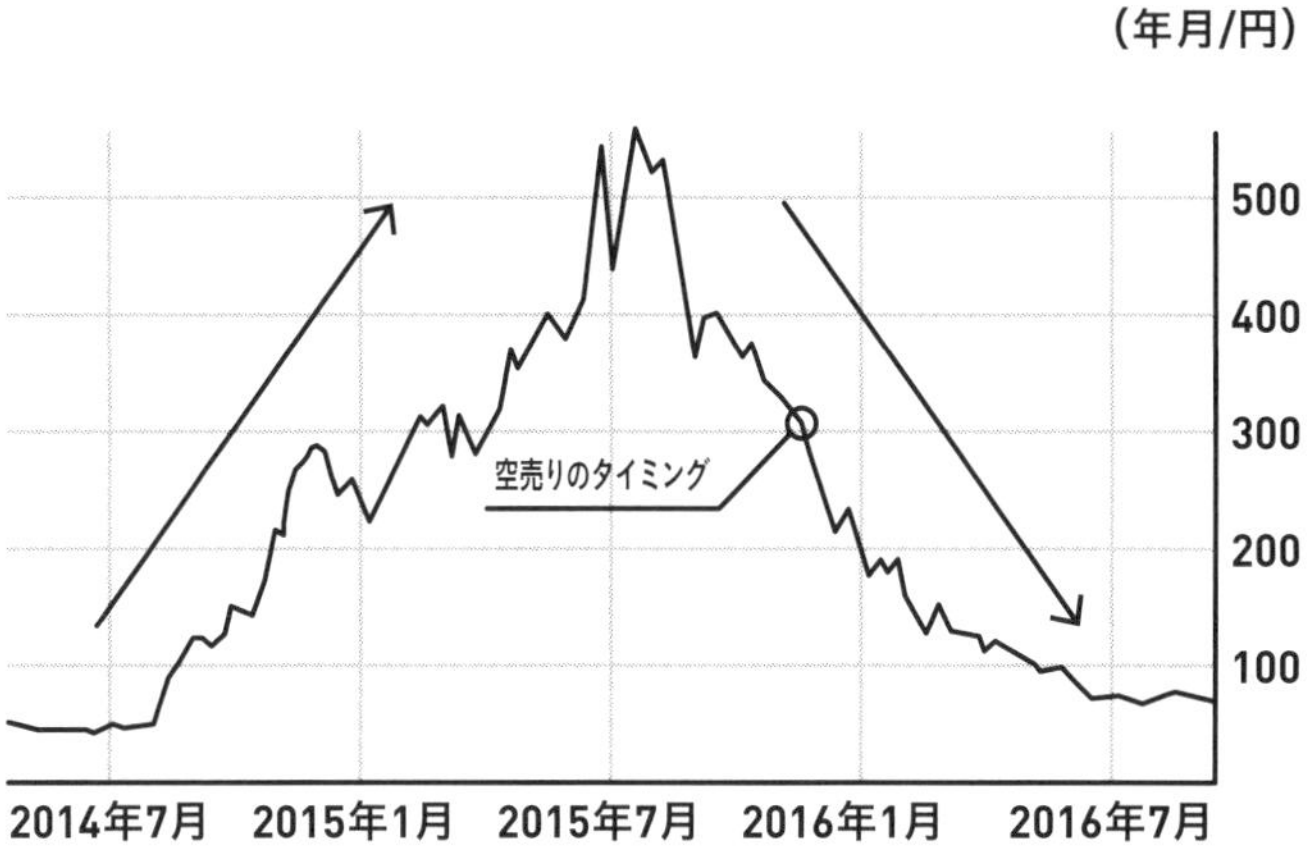

ょう。

具体的には200円まで株価が下がり、完全にチャートが崩れた（売りたい人が増えた）ことを確認して空売りしているということです。この人たちが、お金を増やす人なのです。

Q

A

「移動平均線」から何がわかりますか？

「移動平均線」は、一定期間の株価の平均を取り、その値を結んで線グラフにしたものです。

平均値を取る期間によって「5日移動平均線」「25日移動平均線」「13週移動平均線」など、いろいろなものがあります。ここから次のことが読み取れます。

❶ 移動平均線が上昇すれば、株価が上昇トレンドに入ったことを意味する

❷ 株価が移動平均線よりも大きく上に離れれば、投資家たちの平均購入コストよりも高い価格にあることを意味する。つまり、売る人が増えて反落する可能性がある

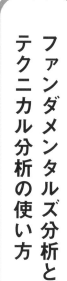

ファンダメンタルズ分析とテクニカル分析の使い方

銘柄を選ぶときの分析方法には二通りあります。「ファンダメンタルズ分析」と「テクニカル分析」です。

ファンダメンタルズ分析とは、会社を取り巻く経済状況と会社の業績から分析することをいいます。「日本経済の景気」や「為替の動き」「世界の経済状況」「各種経済指標」「会社の業績」「決算書」などから判断するものです。

テクニカル分析とは、チャートを活用して売買タイミングやトレンドを分析することをいいます。「ローソク足」「トレンドライン」「移動平均線」「ゴールデンクロスとデッドクロス」「グランビルの法則」などをチェックします。

短期投資と中長期投資では分析方法がまったく違うのに、お金を減らす人は逆の考え方をしてしまうのです。銘柄を選ぶときは、ファンダメンタルズもテクニカルも両方チェックしますが、どちらに重点を置くかが重要です。

お金を増やす人は**短期投資の場合、テクニカル分析を重視し、中長期投資の場合、ファンダメンタルズ分析を重視**します。

業績が良好で利益も出ていて、ビジネスモデルも申し分ない会社は中長期的にみると株価は上昇する可能性が高いですが、時として短期的に値下がりすることがあります。業績発表で上方修正した直後に株価が下がることもあります。反対に、業績が悪化して赤字へ転落したというニュースが流れたその日に値上がりすることもあるのです。

株と会社は常に同じものではありません。短期的には、常識には当てはまらないような値動きをすることがあります。そのため、短期投資の場合、ファンダメンタルズを重視しすぎると痛い目に合います。テクニカルを重視して銘柄選択した方がいいといえます。**「中長期は企業を買い、短期では株を買う」**ということです。

Q

チャートにある出来高の棒グラフから何がわかりますか？

A

出来高（売買高）とは、売買が成立した株数を棒グラフにしたものです。出来高が多いほど活発に取引が行われたことになり、その会社の株に多額の資金が投入されたことを意味します。

出来高のグラフから次のようなことが読み取れます。

❶ 出来高が少ない状態から急に増えた場合は、その企業に注目する人が一気に増えたことを意味する（好材料が発表された可能性アリ）

❷ 株価の上昇が続いた後、出来高が急増した場合、買いのピークを迎えたことを意味する（反落する可能性が高いので要注意）

良い判断をするためには一定の距離が必要

お金を減らす人は銘柄に惚れ込んでしまいます。惚れてしまうと、あばたもえくぼに見え、判断が狂ってしまうのです。

以前私は、中村超硬という会社に惚れ込んでいたことがあります。この会社は、太陽光パネルの製造に必要な特殊な技術を持っており、業績も伸びていました。太陽光パネルの製造企業は、現在ほとんどが中国企業です。中村超硬は、その中国企業に輸出していました。私は、中村超硬の特殊技術に惚れ込んでいたのですが、それに加えて、中村超硬のＩＲ担当者から好材料を聞いていたため、さらに想いが強くなり、中村超硬への投資を続けていたのです。

しかし一方で、悪材料も見えてはいました。中村超硬の大口取引先は、中国の大手企業1社しかありませんでした。大口取引先が1社のみの場合、その会社の業績は大口取引先次第で大きく変わります。加えて、中国企業は突然手のひらを返すようなことがよくあるのです。私は、その悪材料が頭をかすめていたにも関わらず、「特殊技術があるから大丈夫だろう」と高をくくっていたのです。つまり、冷静な判断力を失っている状態に陥っていたのです。

予想は悪い方に的中し、その中国企業は、より安い地元の企業に寝返ってしまい、中村超硬との取引は大幅減となりました。そのため、業績は悪化、赤字転落となり株価も下落しました。もともと、業績好調で買われていた株でしたから、業績が下がると株価は一気に下がります。

このように、投資のプロである私も、時にこうした判断ミスをしてしまいます。銘柄に惚れ込みすぎると、こうしたことが起こりかねません。

銘柄に惚れ込むというのは、「この銘柄は絶対に上がる」と、ある意味、思い込みや固定観念が強くなり冷静な判断を失った状態です。思い込みを捨てて、柔軟な頭を持つことが大切なのです。

信用取引って何ですか？

信用取引とは、資金の少ない人でも担保を差し出すことで大きな金額の取引ができる株式投資のシステムです。担保として証券会社に預けたお金の約3倍の取引ができます。

たとえば30万円を預けておけば、約100万円までの取引ができるのです。

しかし、金利がつき、**空売りするときは貸株料がかかります**。6カ月以内に返済しなければならないものもあります。

利益が出たときはもちろんその利益も大きくなりますが、損失が出たときにはその分大きな痛手となりますので、それを覚悟する必要があります。

企業だけでなく業界全体を見渡す

株式投資では、常に理由を考える癖をつけなければいけません。業績が良い場合は「なぜ良いのか」を考えることです。

たとえば、年間20％ずつ増益している会社があり、その理由が企業努力によって、業界で圧倒的なシェアを占め、結果的に増益を勝ち取っているのだとします。しかし、その業界自体があまり人気がない場合、その企業は一時的に評価されたとしても、なかなか継続的に高い評価を得ることはできません。

また、不動産や株式を売却して一時的に増益になっている会社のケースの場合、この会社の株価は短期的には上がるかもしれませんが、中長期ではあまり期待できないといえます。

お金を減らす人は、こういった**仮説**を考えず、「業績が良い」というだけで安易に株を買ってしまいます。それでは、負けてしまうのです。

お金を増やす人は、**銘柄を選ぶときに企業と業界の人気も考えます**。

そもそも、株式市場というのは人気投票のようなものですから、いくら業績が良くても人気がなければ株価は上昇しないのです。

私が着目するのは、やはりこれから**人気の出そうな会社**です。人気のある会社とそうでない会社を見分ける基準の1つは、**時代の大きな流れ（メガトレンド）に乗っているかどうか**です。

10～30年くらいの長い期間に、世界がどのように変わっていくのかを予測し、銘柄を選ぶときにその会社がメガトレンドの波に乗っているかどうかを見ていきます。

今のメガトレンドは、主に次の6つが挙げられます。

❶ 生成ＡＩ
❷ 人工知能（ＡＩ）

❸ BtoBやBtoCなど電子商取引の拡大
❺ ロボット
❻ 自動運転
❼ スペース（宇宙関連）

こうした新しい技術によって、大きく世の中が変わっていきます。

インターネットで世界中がつながることにより、大きく世の中が変わりました。小売りなどはわかりやすい例です。従来足を運んで買いに行くか、カタログでの買い物に限られていたものも、インターネット上で買うことが可能になり、場合によっては世界中から買いつけが行える可能性へと広がりました。Amazonなどはその好例です。

新しい技術などは世界を一気に変える場合があります。こうした技術を意識して投資に取り組み、将来勝ち組になりそうな会社を探すことも重要です。

Q 「ゴールデンクロス」「デッドクロス」って何ですか？

A

「ゴールデンクロス」とは、移動平均線の短期線（5日線や25日線）が、長期線（13週線、26週線、52週線）を**下から上へ突き抜けたときのこと**です。

このゴールデンクロスがチャートに出てきたら、これから長期にわたって株価の上昇が続く可能性があるということです。つまり、**絶好の「買い」どき**だということです。

「デッドクロス」とは、短期線が長期線を**上から下へと突き抜けたときのこと**です。これは、株価が下落することを意味します。つまり「**売り**」どきだということです。

[ゴールデンクロス(買いサイン)]

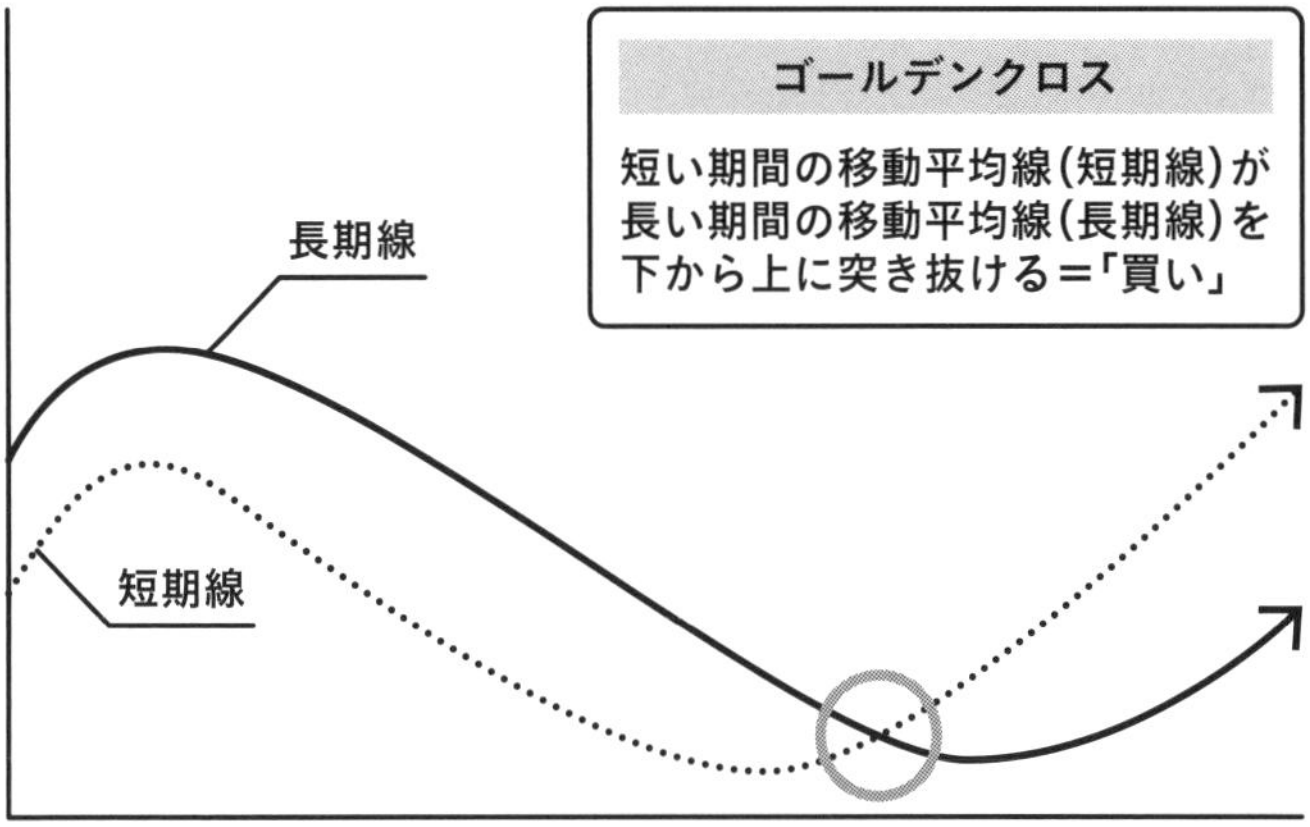
ゴールデンクロス
短い期間の移動平均線(短期線)が
長い期間の移動平均線(長期線)を
下から上に突き抜ける=「買い」
長期線
短期線

[デッドクロス(売りサイン)]

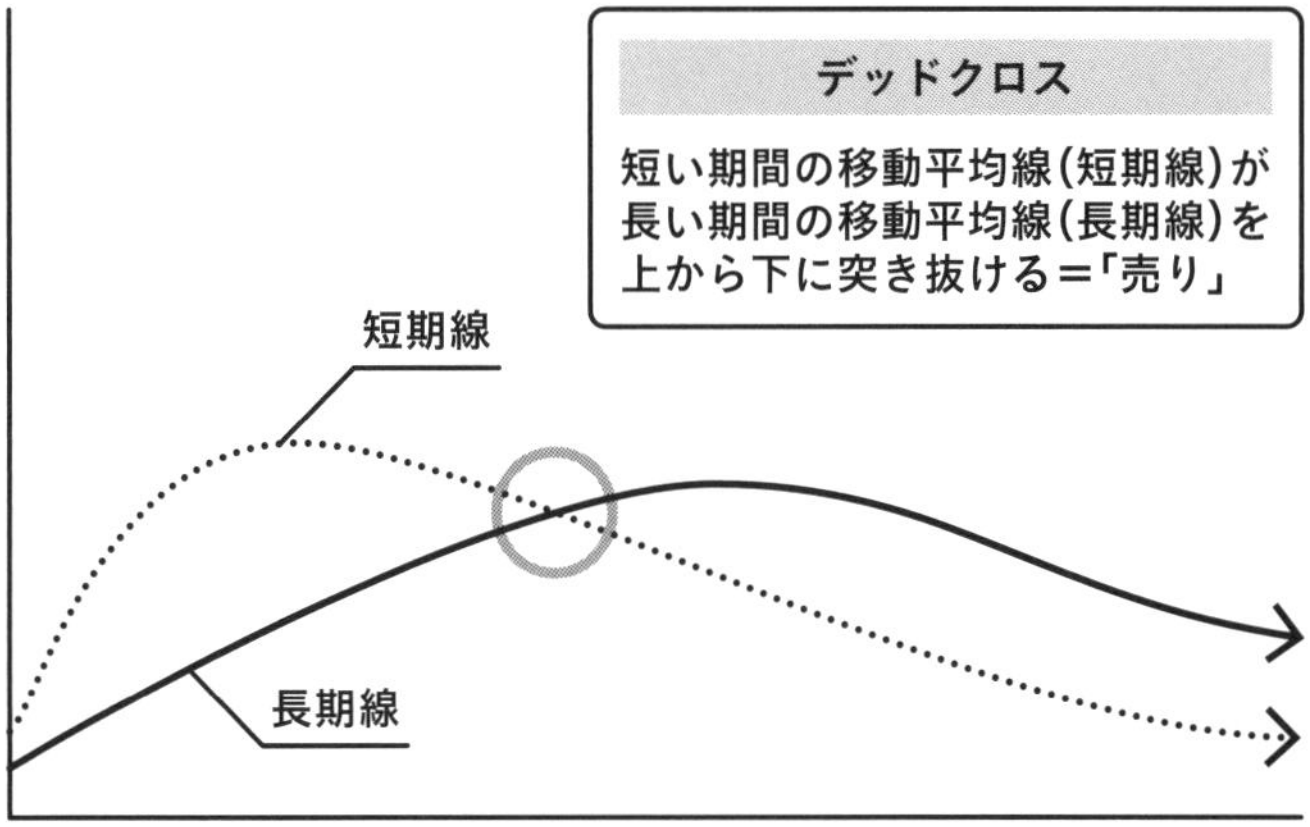
デッドクロス
短い期間の移動平均線(短期線)が
長い期間の移動平均線(長期線)を
上から下に突き抜ける=「売り」
短期線
長期線

低位株は分析して買う

低位株というのは、一般的に株価が約500円以下の株式のことをいいます。低位株は小予算でもたくさんの株が買えるので、一見有利に見えます。

たとえば、投資予算が30万円あったとします。100円の株ならば3000株購入できますが、1000円の株は300株しか買うことができません。10円値上がりした場合、前者ならば3万円の利益が出ますが、後者ならば3000円の利益となります。そこで、お金を減らす人は低位株に魅力を感じるのです。実は、ここに大きな落とし穴があります。

お金を増やす人は、**低位株には低位である理由があると考える**のです。たとえば、株式分割（発行されている株1つを、2つや3つなど複数に分割すること。発行済み株式数が増え、資本金額は変わらないため株価は下がる）が行われ、低位株になっているものもあります。

実例でいうと、ＮＴＴは23年６月に25分割という大幅な株式分割を行いました。他には、みずほ銀行（みずほフィナンシャルグループ／８４１１）は現在、株価は２５００円前後の動きです。小泉政権の頃に、株価は１００万円ほどでしたが、その後分割され低位株となりました。４０００円を超えていた株価は、１７０円前後になりました。分割するだけですから、その会社の株を持っている人の資産は増えもしなければ減りもしません。それまで株価が高くて手が出せなかった投資家にとっては、買いやすくなります。そうなると活発に売り買いされるようになるのです。

また、株式分割する姿勢が市場に評価される側面もあります。

個人投資家が買いやすいようにしたわけですから、投資家の立場を尊重した企業だと評価されるのです。

しかし、ＮＴＴのように大手企業で安定している会社が分割で低位株になることもありますが、**本来、低位株とは何らかの不安要因を持っていることが多い**のです。業績が悪かったり、企業体質が悪かったり、不正を働いていたりして、株価が下落した場合が多いのです。

お金を増やす人は、安易に低位株に手を出しません。**その理由を探り、分析したうえで購入する**のです。

投資の世界に**「前科者（不正を行うなど）ほどよく上がる」**ということわざがあります。悪材料を抱えている銘柄が人気化することがあるのです。そういう銘柄が値上がりすると、信用取引での空売りが増加します。その買い戻しを狙った信用買いも増えるので、結果的に人気が出ます。この場合は一時的な上昇ですので、短期で売買しなければいけません。中長期での保有は危険だといわざるを得ません。

A Q

「グランビルの法則」って何ですか？

アメリカのアナリストのジョセフ・E・グランビルが考え出した法則のことです。グランビルは「買い」と「売り」のタイミングをチャートから読み取れることを発見しました。これにはそれぞれ４つのパターンがあります。

【買いシグナル】

❶ 株価が移動平均線を下から上に突き抜けたとき
❷ 上昇トレンドの移動平均線を、株価が上から下に突き抜けたとき
❸ 株価が移動平均線に近づき下落し、線をクロスすることなく再度上昇したとき
❹ 株価が移動平均線を大幅に下回って値下がりしたとき

[グランビルの法則]

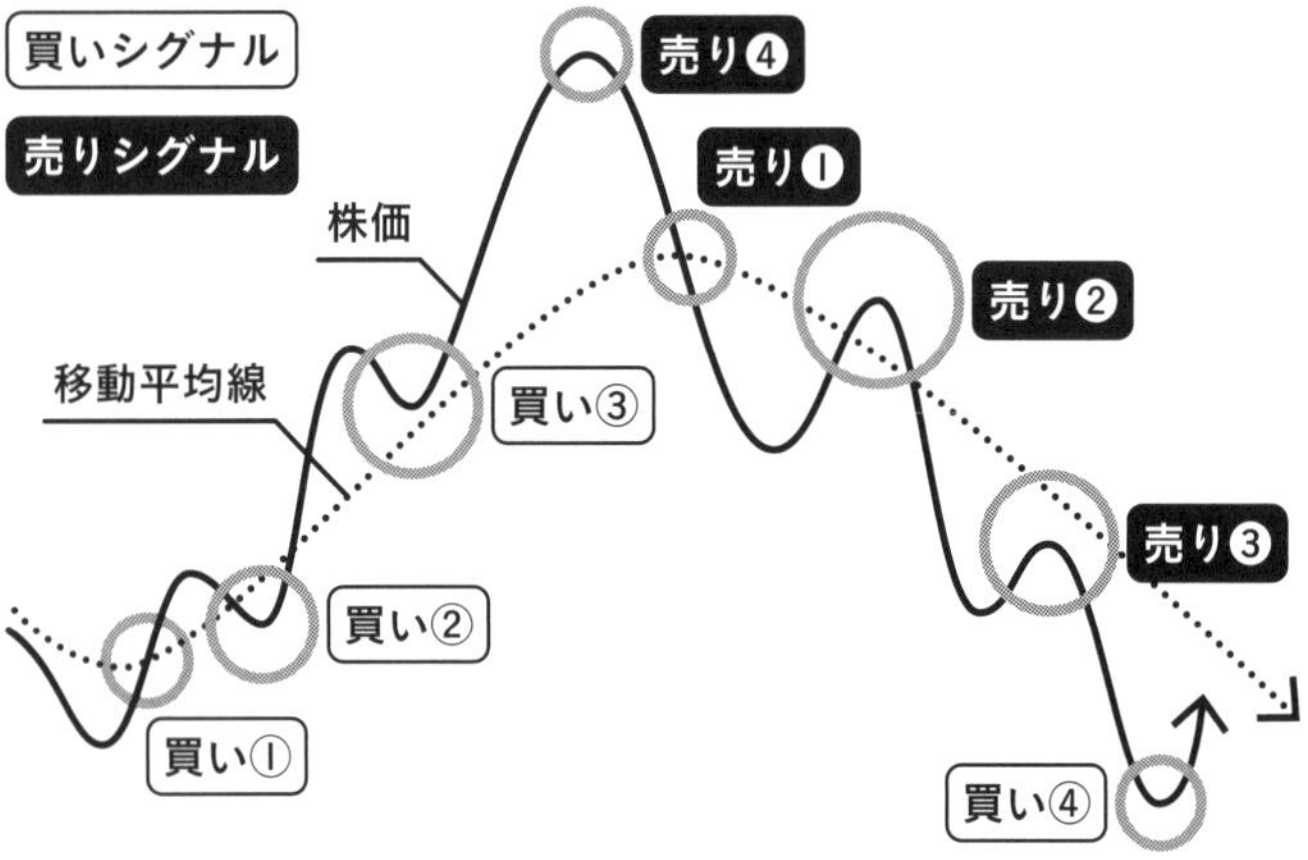

【売りシグナル】

❶ 横ばいか下落しはじめた移動平均線を株価が上から下へ突き抜けたとき

❷ 下降トレンドの移動平均線から、株価が一時的に上回ってからすぐに下に突き抜けたとき

❸ 下降トレンドの移動平均線より下にあった株価が、移動平均線に近づいた後、クロスすることなく再度下がってしまったとき

❹ 移動平均線が上昇していても、株価がそれよりもはるかに上にあるとき

企業の「なんちゃって利益」は無視する

企業の決算書を見ると利益が急に高くなっていることがあります。一時的に利益が上がった「**特別利益**」です。

お金を減らす人は、「利益が上がった」＝「業績が良い」と単純に判断し、急いでその株を購入してしまいます。

しかし**特別利益とは、本業から得た利益ではないことが多い**のです。たとえば、10億円で買った会社の株が値上がりして15億円になったとします。売却したわけではなくあくまで含み益ですが、会社によってはこの5億円の含み益も利益の計算に入れる会社もあります。そうするとＰＥＲも急に下がって「割安」な株だと評価されるのです。

その会社が持ち株や不動産を売却したときにも利益は出ます。それらは、すべて本業から得た利益ではありません。

こういった利益のことを、私は「なんちゃって利益」と呼んでいます。


お金を増やす人は、この**「なんちゃって利益」は無視**します。株価は一時的に上昇するかもしれませんが、中長期的に上がるとは考えにくいからです。子会社が上場することで親会社の株が上がることもあります。これも、一時的なものですから無視します。


不動産の売買時期も調べておきたいところですが、そのような情報はなかなか手に入るものではありません。株をいつ買って、いつ売るのかは勘を頼りにするしかなくなるのです。**それでは投資ではなくギャンブル**に近くなります。

お金を増やす人は確実な売買を好むものです。

ギャンブル性をできるだけ排除し、「この銘柄なら大丈夫」と確信するまで取引しません。一時的な特別利益などは無視し、本業でちゃんと利益を出しているかどうかを判断基準にします。

ウォール街にはこんな格言があります。

「ベストの手腕、ベストの幸運を持て、さもなくば退場せよ」

ベストの手腕とは、株式投資の勉強をしっかりしてベストの知識を身につけ、ベストの勘を磨くことです。

そして、ベストの買い場や売り場がやってくるのを辛抱強く待つことが大切なのです。

それが**株式投資で勝つための秘訣**です。

Q

A

「営業利益」と「経常利益」はどう違うのですか？

「営業利益」とは、本業で得られた収益のことです。「売上高」から「売上原価」「販売費」「一般管理費」を差し引くと「営業利益」が出ます。

「経常利益」は、本業以外の収益と費用を含めて計算します。

たとえば「不動産を売ったときの収益」とか「有価証券を売ったときに損が出てしまった」といった数値が含まれます。

ちなみに、経常利益から税金を支払った残りが「当期純利益」です。

第3章

売り方・買い方で、周りと差をつける

撤退する勇気を知る

お金を減らす人は上昇トレンドが崩れても放置する傾向があります。

トレンドというのは、流れのことです。**小幅に上下しながらも上昇していく動きのことを「上昇トレンド」**、**上下しながらも下落していく動きを「下降トレンド」といい、横ばいの動きを「もみ合い」**といいます。

下降トレンドがひと段落して、もみ合いになり、上昇トレンドに転換したときに株を買うのがベストです。

そして、上昇トレンドに入っていくのですが、時々、さほど上昇せずもみ合いになり、下降トレンドへと転換することがあります。そのとき、「**上昇トレンドが崩れた**」といいます。

トレンドラインが崩れても、放置しておくと一気に下落してしまう可能性があります。

相場のことわざに「**上がり100日、下げ10日（3日）**」という言葉があります。株価というものは、100日という長い年月をかけて少しずつ上昇していきますが、下がるときは僅か10日（3日）で暴落するという意味です。

「**天井3日、底100日**」ということわざもあります。しかも、このことわざは「底100日」ではなく、「底3年」と訂正する人もいるくらいです。

つまり、高値は僅か3日しか続きませんが、安値になると3年も続くといっているのです。

ちなみに、株価が下落すると「**含み損（実現していない数字上の損）**」を抱えることになりますが、この含み損のまま放置していることを「**塩漬け株**」といいます。

3年間も塩漬けしたまま、その資金を他に回せないとなると、利益を上げるチャンスがなくなってしまいます。3年も4年も待てるのなら、倒産しない限りは、いつかは元の株価に戻る可能性があります。

しかし、お金を増やす人は、**その時間を買うつもりで株を売って仕切り直しをします**。トレンドラインが崩れたと思ったら、**すぐに売って撤退**するのです。お金を増やす人は、損をしても次で取り返せばいいと考えます。10回取引をして9回負けても、最後の1回ですべてを取り返すと考えるのです。

[もみ合い]

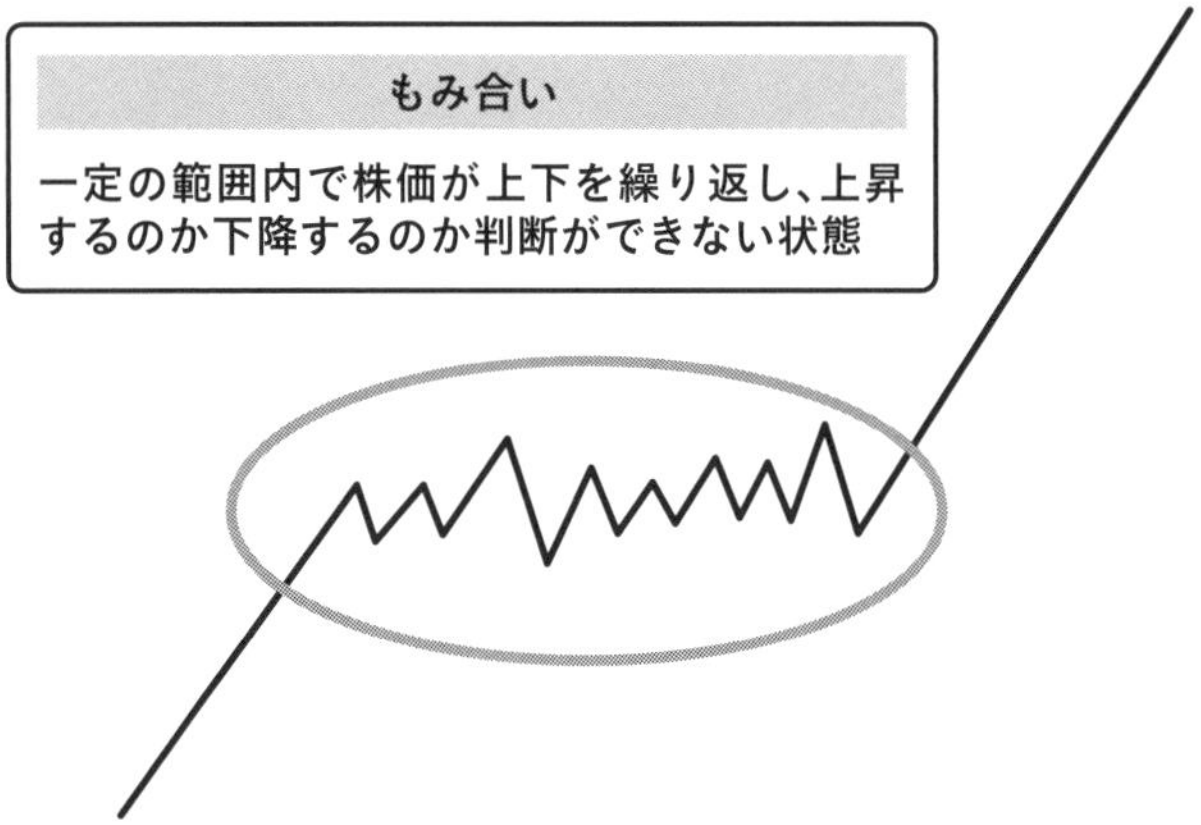
もみ合い
一定の範囲内で株価が上下を繰り返し、上昇するのか下降するのか判断ができない状態

[トレンド]

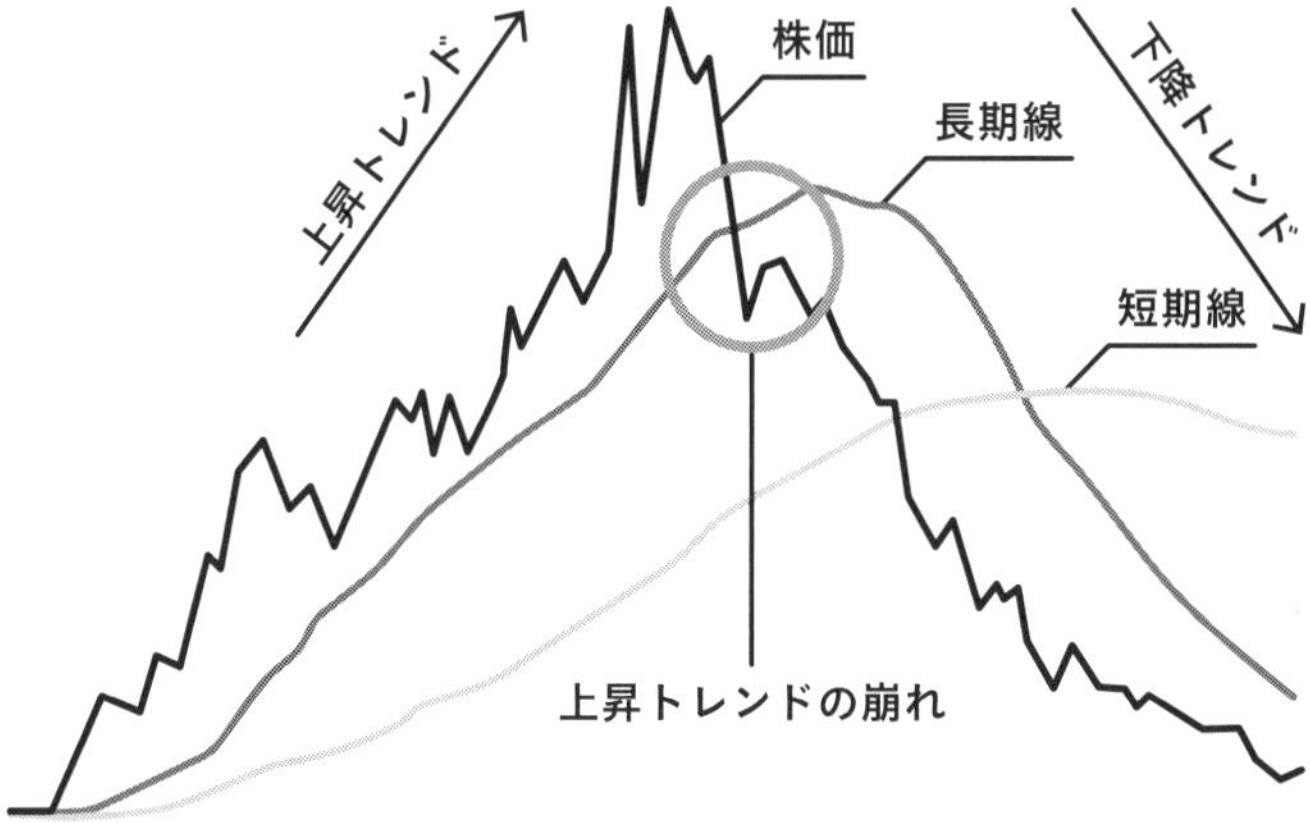
上昇トレンド
株価
長期線
下降トレンド
短期線
上昇トレンドの崩れ

Q A

何%の儲けを目指せばいいですか？

「儲かるだけ儲けたい」と誰もが思うところですが、あまりにも強欲になりすぎると売るタイミングを逸してしまい、株価が下落してしまいます。かといって、「1%や2%の小さなリターンでいい」と考えると中途半端な投資に終わってしまいます。

1回1回のトレードでは勝ったり負けたりするかもしれませんが、数年で何倍かになればいいという考え方も必要です。

お金を増やす人は5年で2倍になればいいくらいに考えています。

シグナルを見落とさないアンテナを持つ

お金を減らす人というのは買うことばかり考えています。

私はこれを**「買い買い病」**と呼んでいます。とにかく買いたいと思ってしまうのです。それで、現物株を担保に株を買える信用取引で買ってしまう人も多いです。

信用取引は株券や現金を担保に借りて売買するのですが、多くの人は上がると思う株を買います。それは当たり前なのですが、ただ**信用取引で買うということは借金して買う**ということです。現在最大約3倍買えますから、それはそれで強烈な武器になります。

しかしその半面、3倍のレバレッジをかけますので、30％下がったら元金はほとんどなくなってしまいます。ですから信用取引の場合は、売りも上手に使っていかなければいけません。

「買いは算術、売りは芸術」という格言があります。買いは計算の基に出せるが、売りは上昇して欲しいという欲望を超えて冷静に判断することから、それが芸術だ、ということです。お金を増やす人は、**芸術と算術の両面**を持ち合わせています。

たとえば、株価1000円で買った株が1200円になりました。自分はこの会社に惚れているから持っていたい。でもどう考えてもトレンドラインが崩れてきた、これは下がりそうだ、でも惚れているから売りたくないというときに、お金を増やす人は**「つなぎ売り」**をします。

信用取引で売りを入れるわけです。いわゆる「空売り」です。1200円で1000株の売りを入れると結果的にその人の予想通り、1100円まで下がりました。その人は1200円で売りを入れていますから、1100円のところで買い戻せば100円の利益が出るわけです。

しかし、現物の持ち株はそのままです。単純に、売りを入れることによって、その株価が下落したときに収益を得ることができます。

「もし株価が上がったらどうなるの？」という心配もあるかもしれません。それは現物を売るかどうか迷ったのだから、その現物を返してしまえば、結果的にこの人は、1000円で買って1200円で売ったのと同じことになるわけです。そのような売りをするケースが実は多いのです。

QA

どのタイミングで株を買うのが一番いいですか？

最も低い価格（底値）で買って、最も高い価格（天井値）で売るのが理想的ですが、それを狙うと思わぬ落とし穴に落ちる危険性があります。底値だと思って買ったものの、さらに値下がりすることもあります。

つまり、予想を裏切られることは、相場の世界ではよくあることなのです。買った直後に値下がりしたからといって落ち込まず、もう少し先を見て値上がりするのを待つのか、売って仕切り直しするのかを考えます。

中長期的に判断し、その会社が伸びると思ったら、値下がりしたときに買い足してもいいと思います。

企業の「利益」と「売上」を見る

お金を減らす人は、利益の伸びばかりに注目します。たしかに、利益は重要です。利益が出ていなければ、会社は潰れてしまうからです。

ここで理解しておかなければならないことは、**利益は売上が変わらなくても、あるいは下がっていても出すことができるもの**です。大規模なリストラを断行するとか、コストカットの効果で一時的に利益を出すことができます。

しかし、売上はそうはいきません。商品が売れていなければ上昇しないのです。減収増益は投資家たちに嫌われます。売上が伸びているときは、店舗数を増やせば設備投資や人件費といったコストがかかります。そのため、一時的には利益が減少するかもしれません。

増収増益が理想的ですが、減益であったとしても、増収であれば買いと判断する投資家も出てきます。

Amazonは、インターネット販売の市場が絶対に伸びると見越して先行投資しました。しかし長い間赤字が続いていました。それでもアメリカの投資家たちはAmazonの株を買い続けました。なぜなら実際に売上が伸びていたからです。売上が伸びているならば、設備投資が落ち着けば赤字から黒字に転じます。

そのとき、**株価の上昇はさらに加速**します。Amazonの黎明《れいめい》期に株を買っていた投資家たちは莫大な富を手に入れたわけです。

日本でもベイカレント・コンサルティングという会社があります。デジタル技術に強い日本最大級のコンサルタント会社ですが、2018年7月に発表した2019年2月期第1四半期の営業利益は28％減となりました。

減益の理由は人材の育成が将来の売上の源泉になることを期待して、人材採用を増やしたためのコストが上昇したからです。当時3700円前後の株価は失望で売られ株価は3カ月で半値近い1900円台まで下落しました。

しかしその後、株価は上昇し、それから3年後の上場来高値では当時の32倍にもなったのです。

減益という結果は製造業でいえば今後の拡大する市場を見据え、生産設備の増強で減価償却が発生したようなものです。この人員増強が結果的に売上の増加と利益、株価の上昇を生んだのです。

減益で失望するだけでなく、その背景をしっかり見ることで逆にチャンスが見えてくることがあります。

中長期的に考えると、そのコストは売上の増加で回収できたわけです。お金を増やす人は、このような株を買っておくのです。

つまり、お金を増やす人は、**会社の利益だけではなく、売上の伸びも必ずチェック**しています。

Q A

初心者でもデイトレードで成功できますか？

デイトレードとは、1回のトレード（売買の取引）が数十分から数時間の間に行われるものをいいます。1日に何十回も売買する人もいます。

会社勤めをしている人には、そんな時間はありません。まず無理です。どの株を買えばいいのか吟味する時間も必要ですし、情報を集める時間も必要です。

テクニカルな専門知識も勉強しなければいけません。なにより、強靭な精神力が必要です。初心者にデイトレードはデメリットが多すぎます。

初心者の人には、中長期での売買がいいのです。

買ったときの理由を胸に刻む

「株価を見るか、会社を見るか」を深く考えてみます。

お金を減らす人は、株価ばかりに気を取られて、少しでも株価が上がるとすぐに利益確定して売ってしまいます。2％や3％といった小さな利益を積み重ねていくわけです。

しかし、株式投資は負けるときは一気に下落します。損失が30～40％出てしまうことはざらにあるのです。そうなると、今までに小さく積み上げてきたものが一瞬で吹き飛んでしまいます。

お金を増やす人は、**買ったときのシナリオを考えます**。

ある会社の中期経営計画に、3年で3倍を目指していると書いてあったとします。

実際にこの会社がやっていることや経営者の資質などをチェックしてみて、「この会社ならば少なくとも2倍は達成しそうだ」というシナリオを自分なりに組み立てるのです。つまり、お金を増やす人は、**株価が10%、20%ほど上がったところでは売りません。株価が2倍になるまで保有し続けます。**

もちろん、逆もあります。好材料が発表された材料株の場合、短期で一気に株価が上がるケースがあります。しかし、好材料というのは一過性のものですから、上がったらすぐに売らなければなりません。下がるときは一気に下落するからです。つまり、**買ったときに見込んだシナリオを達成したタイミングで利益を確定する**のがお金を増やす人なのです。

私はよく、投資をサッカーにたとえています。サッカーは同じ勝率のチームがある場合、得失点差で優勝が決まります。勝つときにいかに多い得点で勝ち、負けるときにいかに少ない得点で負けるかです。極論ですが、投資の場合は50勝70敗でも、50勝の中身の価値を上げて、70敗以上の収益を上げればいいわけです。

やはり、得失点差で最終的に利益が出たことが勝ちにつながるのです。

Q

企業の決算はいつ発表されますか？

A

上場企業は、重要な会社情報を開示することが義務づけられています。これを「適時開示」といいます。決算情報は、重要な会社情報の中の1つで、「決算短信」「四半期決算短信」「業績予想の修正」などがあります。

決算短信は、決算期末後45日以内に発表することが適当とされています。ですから、12月末が決算の会社は、翌年の2月15日までに発表しなければならないのです。45日以内のギリギリに発表する会社もあれば、早めに発表する会社もあり、会社によって発表日はまちまちです。

自信があるときは勝負　ないときは少額売買

お金を減らす人は、常に全力で勝負しようとします。ときには信用取引で持っているお金以上の取引をしようと考えます。常に何を買おうか、と「買い買い病」になっている状態です。

なかなかいい銘柄が見つからないときがあります。チャートを眺めたり、企業情報を調べたりしても割安な銘柄が見えてこないのです。

そんなとき、お金を減らす人は、それでも何を買おうかと考えてしまいます。これは危険なシグナルです。

お金を増やす人は、**自信があるときに絞って勝負**します。月に1000万円も2000万円も稼ぐトレーダーでさえ、よくわからないときがあります。割安で値上がりしそうな銘柄が見つからないのです。ちょっといいかなと思っても、イマイチ自信が持てなかったりします。

そういうとき、お金を増やす人は、**少額で売買**します。まったくやらないと相場の勘が鈍っていきますので、**負けてもいいくらいの金額を投下**するのです。そして、しばらく様子を見ます。おとなしくしていると、「これはイケる！」というタイミングが必ずやってきます。

お金を増やす人というのは、毎回勝負しているわけではありません。**ここぞというチャンスをとらえて勝負**するのです。

Q

会社が自社株買いをすると、なぜ株価が上がるのですか？

A

自社株買いとは、会社が自分の株を買うことです。買い取った自社株は「金庫株」として保有されるか「消却」されます。

なぜ、このようなことをするのかというと、それは株主の価値を高めるためです。企業が自社株を買うと、市場に出回る株式数が減ります。需要と供給の関係から株価は上昇しやすくなるのです。1株あたりの価値が高まることで株主への還元対策になるのです。

自社株買いを行う会社は「株主のことを考えている」と見られて、人気が出ます。

「最安値で買い」「最高値で売る」は理想でしかない

株の理想的な買い方は、最安値（大底）で買い、最高値（天井）で売ることです。

しかし、最安値、最高値がいくらだったのかは、後になってわかります。

プロの相場師であったとしても、リアルタイムで大底や天井を見抜くことはできません。「ここが大底かな?」と思って買ってみたものの、さらに株価が下がってしまった。「ここが天井かな?」と思って売ってみたものの、さらに株価が上がってしまった、ということはよくあるのです。

大底かと思って買った株がさらに下がったとき「ああ、もう少し待てばよかった」と後悔します。そこで、お金を減らす人は、「もっと待ってみよう」と思い、売買のタイミングを外してしまいます。

そもそも、**大底とは投資家の多くの人が総投げの状態**です。もうダメだと思っている人が9割以上いるということです。そんなときに、その株を買うというのはかなり勇気のいることです。なかなかできるものではありません。

記憶に新しいコロナショック。2020年2月頭には24000円に迫っていた日経平均株価は世界的なパンデミックで世界の動きが止まってしまいました。

そして世間は不安感から株価がパニック一色となり、1カ月後には17000円を割り込んでしまいました。結果的にここで買い向かえばよかったということになりますが、大半の人にはその判断はできません。多くの人は急に株価が下がってくると、もっと下がると思い大底で買おうとするからです。

おそらく、「もっと下がる」と多くの人が思ったはずです。ですから、大底で買おうとする人は結局大底で買えないのです。

お金を増やす人は、**いいところまで下がってきたら「もう、いいよ。買っておくよ」と思って買います。**

たとえばこのとき、日経平均のPBRは1倍を割れていました。日本株全体が解散価値より下回ったということです。

解散価値を割り込むことは異常だと考え、買いへと向かった投資家はいると思います。今まで23000円だった株価が20000円を大きく下回ったとき、19000円前半くらいで買った投資家はいるはずです。そういった解散価値は暴落時に活きます。さらに下落し18000円を割り込んだら、追加して買うくらいの気持ちで買うことです。

精神的にある程度自分が容認できる値段で買うことが大切です。結果的に反転すれば、結局17000円、19000円も変わりません。また23000円に戻れば、結局買って良かったと思います。余談ですが、2024年2月執筆中についに1989年12月の高値38915円を抜き大きなニュースになりました。

「頭と尻尾はくれてやれ」という格言があるぐらいです。

A

Q

商品力は何を見ればわかりますか？

高い商品力を持った会社は中長期的に伸びます。場合によっては2倍3倍と株価が値上がりするかもしれません。商品力のポイントは、その商品やサービスが「他にマネのできないような魅力がある」かどうかです。

たとえば、物語コーポレーションという会社があります。「焼肉キング」が有名ですが、他にも丸源ラーメン、ゆず庵なども運営しています。焼肉の食べ放題は今や多くのお店が提供していますが、やはり心配なのはその質です。この会社は品質面で多くの人に満足感を与え、いつもお店は繁盛しています。コロナ禍以前の株価は1600円前後で推移していましたが2024年2月には5300円台で推移しており4年で3倍以上になりました。

「有名」よりも「優良」かどうかで企業を見る

多くの人は名前の通った大企業は安心だと思っています。子どもが有名な大企業に就職したとなれば鼻高々です。起業したばかりの友人が有名な大企業と取引がはじまったといえば「すごいな」と感心します。有名な大企業というのは、それだけで人々に安心感をもたらすようです。

しかし、**株式投資の世界では、大企業＝優良企業だとは考えません。**

お金を増やす人が優良企業だと考える条件は次の5つです。

❶ 借入金が少なく財務体質がいい
❷ 毎期増収増益であり、配当金も増配している
❸ 営業キャッシュフローが黒字でキャッシュリッチである

❹ 他社にはない技術力がある
❺ 圧倒的シェアを持っている

しかし、お金を減らす人は、大企業なら安心して長期投資できると思ってしまいます。株は売らなければ損しないのだという発想を持っているのです。売らなければ損は発生しません。含み損はあっても、ずっとその株を持っていて塩漬けしておけばいいのです。２００万円で買った株が50万円に下がったとしても、倒産することがなければ、株価は戻る可能性があります。だから、それまで待てばいいのだと考えてしまうのです。

日本経済が成長期だった70年代や80年代だったら、電機株が上がれば日立も東芝もみんな同じように上がりました。誰もが安心して大企業に投資しました。

しかし、**現在は日本のＧＤＰが伸びなくなって低成長の時代**です。そうなると、日立は伸ばしたけど東芝が良くなかった、ということが起こります。東芝の場合はコンプライアンス問題が発生し、ついには上場廃止になってしまいました。製薬業界も武田製薬と第一三共もこの10年で比較した場合9倍もの開きになっています。他社は買収したものの自社技術に溺れた武田と強みを活かした合併で新薬に果敢にチャレンジした第一三共。業界ナンバーワンの武田を買っていればいい時代ではないのは一目瞭然です。

低成長時代では、みんなで成長することはできません。どこかで勝ち組と負け組に分かれてしまいます。ですから、**有名な大企業だから大丈夫という図式は成り立たない**のです。

お金を増やす人は「大企業だから大丈夫」という考えはしません。**あくまでも優良企業かどうかを判断材料**にします。

Q A

株価に影響を与える「経済指標」って何ですか？

景気動向を示す経済指標を政府は定期的に発表します。投資家たちは、この数値を判断材料にして動きます。

重要な経済指標は次の４つです。

「日銀短観」「完全失業率」「機械受注統計」「鉱工業生産指数」

これらの経済指標は、市場関係者らがどれくらいの予想を立てていたかが重要になります。発表された数値がほぼ予想通りであれば、株価はあまり反応しません。

ところが大きくズレていれば、株価は大きく動きます。

下がった株は理由を考えて買う　仕切り直す力

保有している株の株価が下がったとき、さらに買い増しをして平均取得価格を下げることを「**ナンピン**」といいます。漢字にすると「難平」となります。買値を平たくするのは難しいということです。1000円の株を100株持っていたとします。その株が800円に下がったときにさらに100株購入しました。株数は200株に増えます。そして、平均取得価格は900円に下がります。これがナンピン買いです。取得単価が下がるわけですから、一見素晴らしいことのように見えますが、**安易にナンピンするのは危険**なことなのです。さらに下がってしまう可能性があるからです。株価がさらに下がってしまったら、損失は大きく膨らんでしまいます。

お金を増やす人は、**大底ではなく底値圏で買います**。株価が下がったら株を買い足します。それは、底値が近いと見越して買い足すわけです。**株価が下がっている理由**も考えずにナンピンするのは、お金を減らす人たちです。お金を増やす人は、その理由をちゃんと考えます。

優良な会社が目先の理由で株価を下げることがあります。そこが**絶好な買い場**です。売上が伸びているのに先行投資で利益が落ちて、短期の嫌気という投資家が悲観的になり、保有している株を売ることがあって株価が下がった場合です。ナンピンというのは自分の都合なのです。自分が1000円で買った株を500円で買えば買いコストが下がるという、ただそれだけの理由で買うのは危険なのです。

「下手なナンピン、スカンピン」という格言があります。株価が下がっているからといって、**下がっている理由を見定めずに買ってしまうのは危険**です。また、元に戻るだけの根拠があるならそれはいいでしょう。しかし、それは買いコストを下げるためではなく、あくまで自分がいいと思って買うべきです。

お金を増やす人は、**理由も考えずに下がった株を買い足したりしません。そのときは、仕切り直します。**

A Q

「PBR」って何ですか？

「PBR（株価純資産倍率）」は、会社の純資産から見て割安かどうかを判断する数値です。

株価÷1株あたりの純資産＝PBR

一般に景気が上向いているときには「PER」が重視され、景気が悪く経済が停滞しているときは「PBR」が重視されます。景気が悪いときは、会社は利益が出せないので、「PER」を参考にしづらいのです。「PER」は、低ければ低いほど割安という意味であり、1倍未満であれば底値圏にあると考えられます。

スクリーニングだけで買わない

証券会社のＨＰにはスクリーニング機能があります。条件を打ち込めば、銘柄を検索して一覧にしてくれます。たとえば、「ＰＥＲ」が15倍以下の会社というスクリーニングで検索すると、ズラリとその銘柄が出てくるわけです。

「配当利回りのランキング」というのもあります。配当が高ければそれだけ得るキャッシュも大きくなります。配当金を株価で割って出された数字に１００をかければ配当利回りが出ます。

たとえば年間配当50円の企業を１０００円で１０００株持っていたとします。

50円×１０００株＝５００００円

１０００円×１０００株＝１００００００円

50000円÷1000000円×100＝5％

右記のように配当利回りが計算できます。

配当利回りが高ければそれだけ投資金額に対してもらえる現金が多いことを意味するので、「配当利回りランキング」なども人気です。

また、安いときに株を仕込みたい人は、ここ1年ほどの高値からの値下がり銘柄を探す「年初来高値からの下落率ランキング」や直近で大きく下落した銘柄を探す「25日移動平均線乖離率ランキング」などで大きく下落した銘柄を探すことができます。

このように、さまざまな条件でスクリーニングすることができます。意外な会社を見つけることができることもありますので、これは便利なツールとして認識してもらえればと思います。

しかし、**安易にスクリーニング株を買ってしまうのは危険**です。お金を減らす人は、スクリーニングして上位の会社の株を買うというわかりやすい行動を取ってしまうことがあります。

もしかしたら、一時的な利益が出て低ＰＥＲになっている会社もあるかもしれません。スクリーニングしたときだけ異常値を出している会社もあるかもしれません。

お金を増やす人は、**スクリーニングした後、業績予想やチャート分析なども組み合わせて調べたうえで購入**します。

まずは複数の条件を組み合わせてスクリーニングします。たとえば「ＰＥＲ15倍以下」「ＰＢＲ1倍以下」「配当利回り２％以上」「時価総額ランキング」「業績予想変化率」などです。検索するときに、条件を多くすると銘柄数は少なくなります。

そのように、いくつかの銘柄を抽出します。さらに、チャート分析し、日々の株価の変動を見て、買うタイミングを計るのです。

A Q

「ROE」って何ですか？

「ROE（株主資本利益率）」は、どれだけ効率の良い経営ができているかという指標になります。

当期純利益÷株主資本×100＝ROE（％）

ROEが高いということは、その会社が株主から集めたお金を効率良く使い、上手な経営をしていることを示しています。

市場中心が軸、売値より高値でも買う考え

自分が売った後、株価が上昇すると悔しいものです。

「売るタイミングを間違ってしまった」と自分を責める人や後悔する人もいます。

そのせいか、お金を減らす人は自分が売った値段よりも株価が上がったとき、決してその株を買おうとしません。

これは、お金を減らす人の心理的な問題です。

たとえば、1000円で売った株が1100円になってしまいました。売った値段より高いから買いたくないとお金を減らす人は思います。

しかし、市場は2000円まで株価が上がる流れになるかもしれません。本当にそういうケースはよくあるのです。

お金を減らす人は、こんなときも自分の売値より高値の株は絶対に買いません。悔しくて買いたくないのだと思います。その気持ちは十分わかります。

しかし、**自分中心ではなくて市場中心**に考えることです。

市場がその会社を評価し、株価がさらに上がるのであれば買い直せばいいのです。100万で売っても150万まで上がると思ったら別に110万で買い直せばいいのです。

お金を増やす人は、**いいと思えば売値よりも高くなったとしても、その株を買います。**

Q

「PER」「PBR」「ROE」の目安を教えてください

A

あくまでも目安です。

スクリーニングの条件として次の数値を入れてみるといいでしょう。

❶「PER」は、15倍以下

❷「PBR」は、1倍以下

❸「ROE」は、15%以上

自分の性格に合った投資スタイルを開発する

性格と株は密接な関係があります。短気な性格でいつもイライラして怒ってしまうような人は、そもそも株式投資をやるべきではありません。

人に当たる人、自己責任で投資できない人もやめておいた方がいいです。たとえば、雑誌やテレビで有名な証券アナリストに文句を言うような人です。「あの人の発言で言われるがまま買ったのに下がったじゃないか」と熱くなっていると、冷静な判断ができなくなってしまいます。

お金を減らす人の性格はだいたい次のようなものです。

❶ 激情タイプ

熱くなりすぎて、冷静な判断ができない人

❷ 強欲タイプ

より多くの利益を目指して限度がない人

❸ 責任転嫁タイプ

人のせいにしたり環境のせいにしたりする人

❹ 鵜呑みタイプ

自分の頭で考えようとせず、マスコミやインターネットの情報を鵜呑みにする人

❺ 後悔するタイプ

クヨクヨと過去にとらわれすぎて、次の行動になかなか移れない人

お金を減らす人は自分の性格を考えていません。一般的には短気な人が中長期で株式投資をやろうと思ってもうまくいかないものです。

一度、静かに自分と向き合い、自分の性格はどんなタイプなのか、どう直せばいいのかを考えることも大切です。

お金を増やす人は**自分の性格にあった投資スタイル**を持っています。感情を冷静にコントロールできるタイプの人が多いです。

私自身が、冷静になるために行っている習慣を4つ上げます。

❶ あらかじめ目標株価を定めておく。この場合、達成したら確実に売り、その後に再度買いと思えば、また新たな目標株価を設定する

❷ あらかじめ逆指値（下がったときの株価）などを利用して損失を拡大させないために売る株価の目標をつくっておく

❸ 投資は自己責任と自分に言い聞かせておく

❹ 損切りという言葉を使わないで、単なる売却と思う

こうしたことを習慣づけるだけでも冷静になりやすいはずです。

A Q

どの株も1株単位で買えるのですか？

日本株東京市場では、以前は買える単位が銘柄によって違いました。

しかし、現在は100株に統一されています。

ただしミニ株投資を利用すれば、1株からでも購入できます。

米株市場は1株からでも売買できます。

第4章

投資は情報収集が９割

デマ情報に振り回されない目を養う

株式投資をしている人たちが集まる掲示板があります。

インターネットにはいくつか有名な掲示板があり、なかでもかなりの数のコメントがあるのがYahoo!ファイナンスの掲示板です。

1つの銘柄に対して1つの掲示板があります。

株価は何かしらの理由があって、上がったり下がったりするものです。その株価の変動の理由を解説してくれる人がたまにいます。

掲示板を見ていると「なるほどな」と感心する意見や誰も知らないような情報を披露する人もいます。それで、初心者たちは、ついつい掲示板にのめり込んでしまいます。

お金を減らす人はこうした情報を鵜呑みにして、右往左往するのです。自分の買った株が上がったり下がったりするときに、他の人がどう思うかを知るためについ見るケースが多いようです。

しかし、掲示板の情報というのは匿名です。誰が言っているのかわかりませんし、本当に正しいかどうかもわかりません。

基本的にそういう掲示板はデマが多すぎるから一切見ないという人もいます。お金を増やす人は、**信頼できる情報しか集めません**。

Q

情報収集に使えるサイトを教えてください

A

有料情報もありますが、無料でもかなりいいものがいくつかあります。

❶「株探」

これは決算短信や上方修正とかいったリアルな速報も出してくれます。無料の割には有益な情報が、リアルタイムでアップされています。会員登録すればメールでリアルタイムなニュースを受け取ることができます。

❷「四季報オンライン」

月1万円払えば四季報の新しい情報も見られます。無料版でも、いろいろなトピックスやランキングなどを紹介してくれます。

❸「トレーダーズ・ウェブ」

上場しているトレーダーズという会社が出している情報サイトで、これも月1万円の有料会員になるとアナリスト情報が手に入ります。

有名なアナリストが「なぜこれを買いにしたのか」ということが簡略に解説してあるので非常に役に立ちます。

日経新聞を読み込む

株式投資では情報収集が勝敗を分けます。情報収集を怠ると大きな損失をこうむることになります。

知っている者が勝ち、知らない者が負けるのです。情報はインターネットでかなりのものが集められますが、新聞も忘れてはいけません。

お金を減らす人は、一般紙しか取っていませんが、お金を増やす人は**やはり日経新聞**を読んでいます。日本経済新聞（通称日経、以下日経）は経済新聞と名乗るくらいですから経済のことが中心に掲載されています。日経には日本の経済だけでなく、欧米、アジアなど世界の経済、政治情報も詳細に掲載されています。

また、それぞれの業界の情報や個別企業の情報なども掲載されています。そして、株式投資に最も重要な決算情報、個別企業が正式に発表した決算情報だけでなく、日経の見込み決算情報も掲載しています。

朝日新聞の株式欄と日経の株式欄では絶対的な情報量が違います。日経であれば平均株価だけでなく、年初来高値（年初から現在の期間での最高値）の銘柄がいくつあるか、東証プライム、東証スタンダード、東証グロースなどそういった市場で今どれだけの銘柄が上がり、下がっているか、株価でも年初来安値、年初来高値がそれぞれ網掛けして表示してあります。もちろん、日々の始値から高値、安値、終値まで出ています。

さらに、日経は外国人投資家の動きがわかります。日本の株式市場の6割は海外投資家の売買です。上値も平気で買い、グロース市場など小型株をさほど買わないのが外国人投資家です。

そうした動きが日経の株価欄を見るだけでもわかります。結果的に**今の相場の流**

れや、何に資金が入っているのかがわかるのです。これは一般紙ではわからない情報です。

また日経には商品欄があり、原油価格の推移や鉱物の値動きなどもわかります。たとえば、原油価格が上がれば、三菱商事や三井物産は原油の権益を持っているため、株価が上がるかもしれません。銅の値段が上がれば、三井金属や住友金属鉱山の株価が上がるかもしれません。ニッケル価格が上がれば、日本冶金工業や住友金属鉱山の株価が上がるかもしれません。

日経に目を通すことで、こうした動きが見えてきます。毎日眺めるだけでも感性が磨かれます。

もちろん日経だけですべてを網羅はできませんが、まずは、情報を得るための一歩を踏み出すことが大切です。

A Q

株式ニュースに重要な曜日がありますか？

火曜日から土曜日までの株式ニュースです。

土日は株式市場が休みだからです。日曜日・月曜日のニュースはまた別な見方をする必要があります。総論や特集記事が掲載されることが多いので、経済を大きな視点で見ることに役立ちます。また、投資の世界での有名人のコメントがニュースに出ることがあります。これはポジショントークのケースがありますので注意してください。ポジショントークとは、「自分はこの株を買うよ」などといった、自分のポジションを話すことです。それを鵜呑みにして多くの人が買ったところを売り抜けてしまうというケースがあります。

いずれにしても情報は鵜呑みにせず、理由を考える癖をつけることが重要です。

企業に及ぼす影響を想像する

お金を減らす人は企業の研究しかしません。

たしかに、企業のことを知らなければなりません。業績が良いのか悪いのか、新商品はどんなものなのか、今後はどのような展開をしようとしているのか、情報を集める必要があります。

しかし、それだけでは足りません。

お金を増やす人は、その企業が属する業界のことや政府が打ち出す政策、世界情勢といった情報も収集します。**世の中全体のニュースを見て、世界の今後の流れを想像し、そうした情報から具体的な企業がどのような影響を受けるのかを分析**するのです。

私は、どんなに忙しくても日経新聞だけでもしっかり読むようにしています。投資のプロというとすべての新聞を細かくチェックしていると思われるのですが、私は**1つに絞って、少なくとも1時間以上かけて読んでいます**。そのうえで「株探」や「四季報オンライン」「トレーダーズ・ウェブ」といったインターネットサイトから情報を集めているのです。

銘柄選びには重要な3つのステップがあります。

ステップ① 日経をじっくり読む

まずはじっくりと時間をかけて集中し、その際、自分に次の質問を投げかけながら読みます。

❶ これから伸びる産業は何か？
❷ 個別の業界は今どんな状況なのか？
❸ 新技術やサービスなど画期的なイノベーションはないか？

こんな質問を自分に投げかけながら新聞を読んでいると、ピンとくる記事が見えてきます。

生成AIが話題になった2023年。話題をさらったのは5月24日に発表されたエヌビディアの業績発表でした。市場予想を5割上回る決算は、当時の市場の驚きを生みました。このときのジェンスン・ファンCEOは決算説明会で「企業は生成AI時代に向け、高速化したコンピューティングの導入を競っている」と話し、需要急増に対応して供給を増やしていると明らかにしました。

また、新聞にも「成長を支えるのが生成AI向け半導体の需要拡大であり生成AIの学習や推論に使うGPUの新製品H100シリーズがけん引役となる」と出ていました。急落後にゆっくりとした右肩上がりをしていたエヌビディアの株価は、その日だけでも24％の急騰を見せたのです。

僅か10カ月ほどで2・2倍になり、すっかり生成AI時代の寵児となったエヌビディア。その後どこのタイミングで買っても株価が上がる状況になりました。

ステップ② 業界のことを調べる

エヌビディアの記事で生成ＡＩに興味を持ち調べていくと、生成ＡＩはＩＴ大手が持つデータセンターのサーバー上で開発・運用されますが、従来とはケタ違いの計算能力が必要なことやものすごい数の高性能半導体が必要になることがわかります。また、生成ＡＩ向けに使う高速・大容量のデータ処理を可能にするＨＢＭという広帯域メモリーも必要ということがわかりました。

ステップ③ 具体的な銘柄をピックアップする

エヌビディアが筆頭格なのは理解できました。さらに関連する企業を調べてみます。高性能半導体では検査工程が増え、かなりの需要が必要なことがわかりました。検査装置を手掛ける企業を調べます。またＨＢＭで今後業績を拡大させそうな企業を調べます。こうしていくと銘柄が絞られてきます。

Q

銘柄の選び方にはどんなものがありますか？

A

私が銘柄を選ぶときは次の６つのことをチェックします。

❶ 業績を上方修正した企業（短期でも可）
❷ 高い競争力を持つ企業
❸ ブランド力が高い企業
❹ 世界で商売できる企業
❺ リピート注文を受けやすい企業
❻ ＩＲ（企業が投資家へ向けて行う広報活動）がしっかりできている企業

たとえば、IR部署の対応が悪かったり、IRの担当者が知識不足だったり、自分の会社を語れなかったりすると、その会社は人気が落ちてきます。

証券アナリストたちは企業のIRに直接聞きに行っています。証券アナリストというのは、証券の高度な専門知識を持っていて、証券に関する分析・評論をする人たちのことです。

こうした証券アナリストたちが、企業のIRから情報を聞き出したレポートは、証券会社で口座を開くと見せてくれたりします。

ちなみに、一般の方でもIR宛に電話をすれば対応してくれますが、最近はメールでの質問のみ受けつけという企業も増えてきました。その対応を聞いて自分で判断するのも一つの手です。

日常の情報から「連想ゲーム」を行う

株式投資は、ある意味「連想ゲーム」のようなところがあります。

世の中の産業はすべてつながっているので、ちょっとした変化がドミノ倒しのように次々と連鎖していきます。

「アメリカがくしゃみをしたら、日本が風邪をひく」といわれるように、世界経済も一つの出来事で次々と影響し合っていくのです。

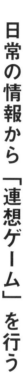

A社の商品が爆発的に売れているというニュースが流れると、そのA社に部品を提供しているB社の株価も上昇します。そのように連鎖していきます。

つまり、お金を増やす人は**日常のちょっとした情報に対して敏感に反応し、その先のことを連想**します。逆にお金を減らす人は、日常のちょっとした情報に鈍感になっています。

日常の中に株式投資のヒントが隠れていたりするので、アンテナを立てて敏感になることがとても大切です。

たとえば、スマホゲームのCMが突然増えてきたとします。普段なら何気なくテレビを見ていたかもしれませんが、ふとゲーム会社の情報を検索してみるとガンホー・オンライン・エンターテインメントやmixiなどの株価が大きく上昇していたりします。街のコンビニで機能性食品のヨーグルトがやたらと品揃えが増えていたりします。業界の情報を集めてみると、明治のR1というヨーグルトがダントツで売れていることが見えてきます。明治ホールディングスの株価を見てみると急上昇しているのです。

異なる世代の人たちの声にも耳を傾けてみると新しい発見があります。子どもたちが熱狂するポケモンが家の外で楽しめるアプリが発表されたとき、世界中で話題になりました。すると、たちまち任天堂の株が注目されるようになりました。

通販で洋服を買っている女性たちに人気のサイトはどこなのか、高齢者が買い物に行くお店はどこなのか、日常の生活の中から得た情報に大きなチャンスが潜んでいます。

なぜならば、新聞やインターネットに流れてくるニュースはすでに多くの人が知っている情報です。そうなると多くの人と同じ行動をすることになり、一歩、遅れを取ってしまいます。

しかし、日常から得た情報は誰もが知っていますが、**そこから連想して見つけた銘柄は、まだ誰も気づいていない可能性**があります。

そこをいち早く連想して行動に移せるのがお金を増やす人なのです。

Q

季節で変動する株はありますか？

A

最近ではあまり大きな変動はないようですが、たしかに**季節によって影響される銘柄はあります**。

たとえば、冬に「何十年ぶりかの大寒波がやってくる」というニュースが流れると、コートを販売しているインターネットの衣料品会社やユニクロなどの株価が上がります。

夏になるとエアコン消費が伸びるので、電力会社の株価が上がります。昔はビール会社の株も夏になると上がっていました。

投資の方法論にしがみつかない

株式投資の**基本は安いときに買って高いときに売るという方法**です。多くの個人投資家はこれを繰り返します。

もちろん、これが基本ですから、それでいいのですが、いつもそのやり方で儲かるとは限りません。

上昇トレンドが長く続いた場合、従来のやり方に固執した人は、下がるのを待つしかありません。何カ月も指をくわえて待っているのです。

下降トレンドが長く続いた場合も同じです。いつまでも下落していきます。いつ底を打つかわかりません。そんなときも、ずっと指をくわえて待つのでしょうか？

たとえば、1日で1000円下がり、すぐに1000円上がることがあります。

多くの人は1000円下がった翌日に1000円上がったのを見ると怖くて買えま

せん。これならまた下がるに決まっていると思うのです。

一方で、**「これは流れが変わった」と新しい局面**に気づく人もいます。「これはいよいよ下げ止まり上昇相場がはじまったサインかもしれない」と変化をとらえて儲ける人です。

株式投資で儲けるか損をするかの分かれ道がそこにあると思います。インドの詩人タゴールに「海を見ているだけでは、海は渡れない」という言葉があります。**ただ指をくわえて眺めているだけでは、儲けることも成長することもできない**のです。

お金を増やす人は、**今までやったことのない方法に挑戦**しています。やったことのないことに果敢に挑戦するから、できるようになるわけです。もちろん、失敗することもあります。しかし、失敗するから学びがあるのです。勇気を持って挑戦するから成長するのです。

「株は5月に売り逃げろ!」というのはなぜですか?

「Sell in May and go away!」直訳すると「5月に株を売れ、そして逃げろ」です。これはウォール街の格言です。

アメリカの株式市場は4～5月にかけて上昇し、5月下旬～6月にかけて下落する傾向があるからです。前年度に納めた税金の還付金が春先に返ってくるので、それが市場に流れ込み4～5月に株価が上昇します。

逆に、12月決算を採用した多くのヘッジファンドや金融機関が、中間期末の1～2カ月ほど前から、決算対策のために利益確定の売りを出し、顧客の解約に備えて保有株を売却するので、5月中旬～6月にかけて株価は下落する傾向があるのです。

釣られ購入の危険性

急に値上がりする銘柄があります。2日間ストップ高になったりすると誰もが勢いを感じます。値上がりのピッチが早い銘柄であればあるほど、それに釣られて購入する人が出てくるのです。

この**釣られて購入するというのが危険**なのです。そこに**自分の意志がないから**です。

たとえば、チェックしていた銘柄が急に上昇したとします。見守っていたのですが、買い注文するのが遅れてしまい、出遅れてしまいました。いろいろ調べてみるとまだ上昇する気配がします。

そんなとき、お金を増やす人は、買わないという行動はしません。感覚が鈍ってしまうからです。

とりあえず**最低限でいいから買っておく**のです。そうすれば、下がってしまったときに、冷静でいられます。

株価が上がっているときというのは、もっと上がるのではないかという気持ちしかありません。

しかし、買うと株価の上昇が止まるということがあります。まるで、自分の行動を神様が見ているように感じることが結構あります。

もしも、さらに上昇したら、最低限で買った分だけ利益は取れます。下がったとしても、冷静に買い足すのか、損切りして仕切り直すのか冷静に判断できます。

つまり、**出遅れたときに焦って買うのではなく、事前に少額だけ買っておくのです**。そうするとその後の動きを冷静に見極めることができるのです。

冷静になれば、自分のペースを保つことができます。

たとえば、私が取引した銘柄で株価が3倍以上になった会社があります。それは、やはり業績の大幅上方修正という好材料があったからでした。そのときは日経新聞などにも業績が出てきますし、インターネットのサイトでも情報が流れます。そうすると当然買いが殺到して上昇しました。

出遅れたなと思った多くの人はそこで諦めてしまいます。これ以上は上がらないだろう、と考えるのです。

しかし、私はまだまだ伸びそうだと判断して、顧客にも薦めました。最初は3割ぐらいは上がって、しばらくもみ合っていたのですが、結局一番高く売った顧客が2・5倍ぐらいになりました。最終的には4倍ぐらいになったのです。

Q A

「NISA」って何ですか？

「NISA」は、少額投資非課税制度のことで、株式や投資信託の売却益・配当が、一定額非課税になる制度です。

2024年より新NISAがはじまり、積立NISAが最大600万円（年間最大120万円）、成長投資枠で最大1200万円（年間最大240万円）、合計最大1800万円までが非課税になりました。

積立NISAは長期の積立・分散投資に適した一定の条件を満たした投資信託が対象です。成長投資枠は国内外の株式、投資信託等が対象になります。

またiDeCoは自分で拠出した掛金を自分自身で運用し、将来に備える私的年金制度のことです。月5000円から申し込みができ、掛金を原則65歳まで積み立てすることができます。

また、受け取りは原則60歳以降に可能です。節税メリットが充実しているのが最大の特徴といっても過言ではありません。iDeCoの掛金は全額が所得控除の対象になります。また受け取るまでずっと運用益が非課税なのも魅力といえます。

新NISAやiDeCoを利用するには、金融機関で口座を開設しなければなりません。

取引のある金融機関から必要書類を取り寄せて、必要事項を書き込み、住民票の写しを同封して返送すればOKです。

第5章

行動経済学で読み解く投資マインド

損失回避バイアス

行動ファイナンスとは、**人間がどのように選択し行動するかを究明する経済学の1つの分野**です。

損失を回避するためには、お金を増やす人と減らしてしまう人の行動心理のメカニズムを知り、安定的に投資が行えるように自分を客観視することが重要です。

自分が買った株が急に値下がりした場合、ここで取るべき正しい行動は、「**一刻も早く損切りする**」ことです。

しかし、お金を減らしてしまう人はどうしても損を出すことに強い拒否感を持ってしまいます。

これを「**行動ファイナンスによる損失回避バイアス**」といいます。「**何かを得る**

喜びよりも失うことに対する心理的な拒否感が強い」ということです。

確かに、誰でも「損したくない（損切りしたくない）」と思うものです。ですが、お金を増やす人は、「損切り」の行為を「損すること」とは考えません。

あくまでも、**「マイナスを最小に留め、次の投資のための資金をつくる行為」**と考えるのです。

このちょっとした心理の違いで、行動は大きく違ってきます。

たとえば、100万円の株が90万円になると、お金を減らす人は、10万円の損をしたと考えます。しかし、お金を増やす人は、90万円の資金で次に何を買おうかと**気持ちを切り替えること**ができるのです。終わったことにクヨクヨしませんし、後悔もしません。

お金を増やす人の心理というのは、結局プラス思考なのです。

Q A

どんな会社の株価が伸びますか？

将来性も大事ですが、実際の利益が出ることも重要です。

霞ヶ関キャピタルという企業があります。

脱フロンをにらんだ冷凍冷蔵倉庫、インバウンド需要をにらんだ3人以上が泊まれる高級ホテル、高齢社会をにらんだホスピス事業を展開しています。

世に必要とされる案件を手掛け、2021年度売上142億円、営業利益13億円の企業が、2023年度で売上372億円、営業利益44億円と2年で3倍近い実績を上げています。

株価も概ねそうした動きになりました。

[霞ヶ関キャピタル株価変動]

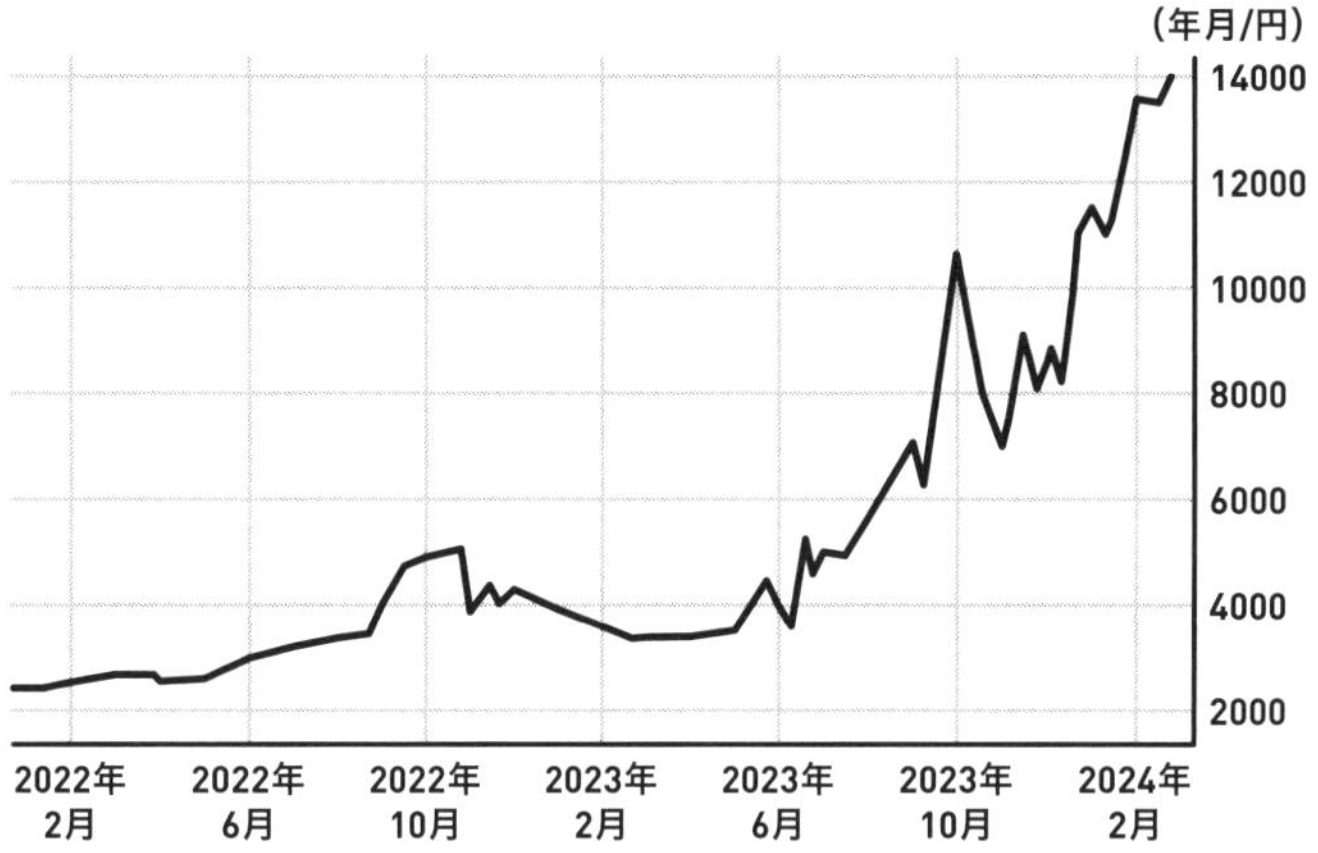

このようにＳＤＧｓや社会情勢などの「世の中が求めており、時代に合っている事業を行っている企業」は利益が出ることが多いといえます。

サンクコストの呪縛

一旦スタートを切ってしまったことは、途中で失敗だとわかってもなかなかやめられないものです。

自分の行動が間違っていた、愚かな選択をしたと思いたくないという心理が働くからです。

政治の話ですが、以前八ツ場ダムの問題がありました。数十億円もの税金が注ぎ込まれ建設されていたのですが、建設途中で民主党が政権を執って中止になりました。本来、一度建設がスタートしてしまうといくら地域住民が反対しても、なかなか中止にはなりません。

なぜなら、「すでに投入している資金がもったいないじゃないか」「建設会社への補償の問題をしろ」といった声が上がるからです。

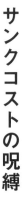

ここでいう、**「すでに投入している資金」のことを「サンクコスト」**といいます。

お金を減らす人は、このサンクコストの呪縛にはまり現状維持を続けてしまうのです。これは、最も価値ある「時間」を、無駄に使うリスクの高い行動です。

銘柄を決めるときはかなりの時間を費やします。お金を使って有料情報を集めると思います。そうやって買った株が下がってしまった場合、お金を減らす人は銘柄選択に費やした時間や費用のことを考えてしまうのです。

そして、売ることに躊躇《ちゅうちょ》します。時間がズルズルと過ぎ、いつまでも仕切り直しができません。その時間に新たな取引をすれば挽回できる可能性がある場合でも、そのチャンスを逃してしまうのです。

お金を増やす人は、**サンクコストなどにこだわらず、ダメだと思ったらすぐに見切りをつけてやり直す**のです。

Q 「IPO株」って何ですか?

A

会社を新規に株式上場させることをIPOといいます。

会社が上場を決定したら、上場前に証券会社を通じて株を売り出します。この株のことを**IPO株**といいます。

IPO株を購入するには、そのIPO株を担当する証券会社に購入を申請します。申請した人の中から抽選で購入できる人が決まるのです。

このIPO株は一般的に人気が高いですが、「上場ゴール」と思われる株には注意が必要です。「上場ゴール」とは、上場自体を目標と設定している会社であり、すべてではありませんが、売り出し価格が高ければ満足するような会社です。

「上場ゴール」と思われる会社は、業績がピーク時に上場するケースが多く、上場後の大幅成長は見込めません。こうした株に投資するのは見送った方がいいといえます。

また不人気な業種であったり、仕事自体が地味な会社は、初値が低かったり、割れたりすることもあります。

しかし、こうした株はもともと割安に公募価格が設定されたり、配当金が高く設定されたりすることもあるので、長期保有していれば上昇することもあります。

狙い目はまだ設立が浅く業績が急拡大している株です。成長性がイメージできる株もいいと思います。

ソシオネクストという企業は、2022年10月に上場し、当時はまだ半導体業界の業績が不透明な時期でした。

最先端のオーダーメイドの半導体を設計し、TSMCなどにつくってもらうパナソニックと富士通の半導体事業の合併から生まれた同社は、最初は半導体業界の不安定さもあり、あまりいいスタートとはいえませんでした。

しかし、最先端の半導体設計といったメリットが投資家に伝わると、一気に株価は上昇。2022年10月に3800円台ではじまった株価は、2023年6月にはなんと28000円台まで急上昇となりました。

私は、この情報を持って、顧客に紹介していたため、大きく喜んでいただきました。途中売却もありますが、現状でもかなり利益を出しており、今後が楽しみといえます。

ただし、人気が初値に集中し、初値が高値になるケースもあり、IPO株投資は注意が必要です。

後悔の回避

人は誰でも後悔したくないと考えます。

ですから、無意識のうちに後悔を避ける選択肢を選ぶ傾向があるのです。**投資においては、「何もしないこと」が一番後悔の少ない選択肢**です。株を購入して損をした場合にダメージが少ないのは、他人が薦める株を購入した場合です。最もダメージが大きいのは、自分の判断で株を買って損をしてしまった場合になります。後悔したくないという気持ちが大きい人は、ダメージのより小さい選択肢を選びます。これを**「後悔の回避」**といいます。

上昇トレンドの場合に、一時的に株価が下がることを「押し目」と呼びます。押し目の場合、株価はまだまだ力強く上昇していますから、多少下落してもすぐに戻

[押し目]

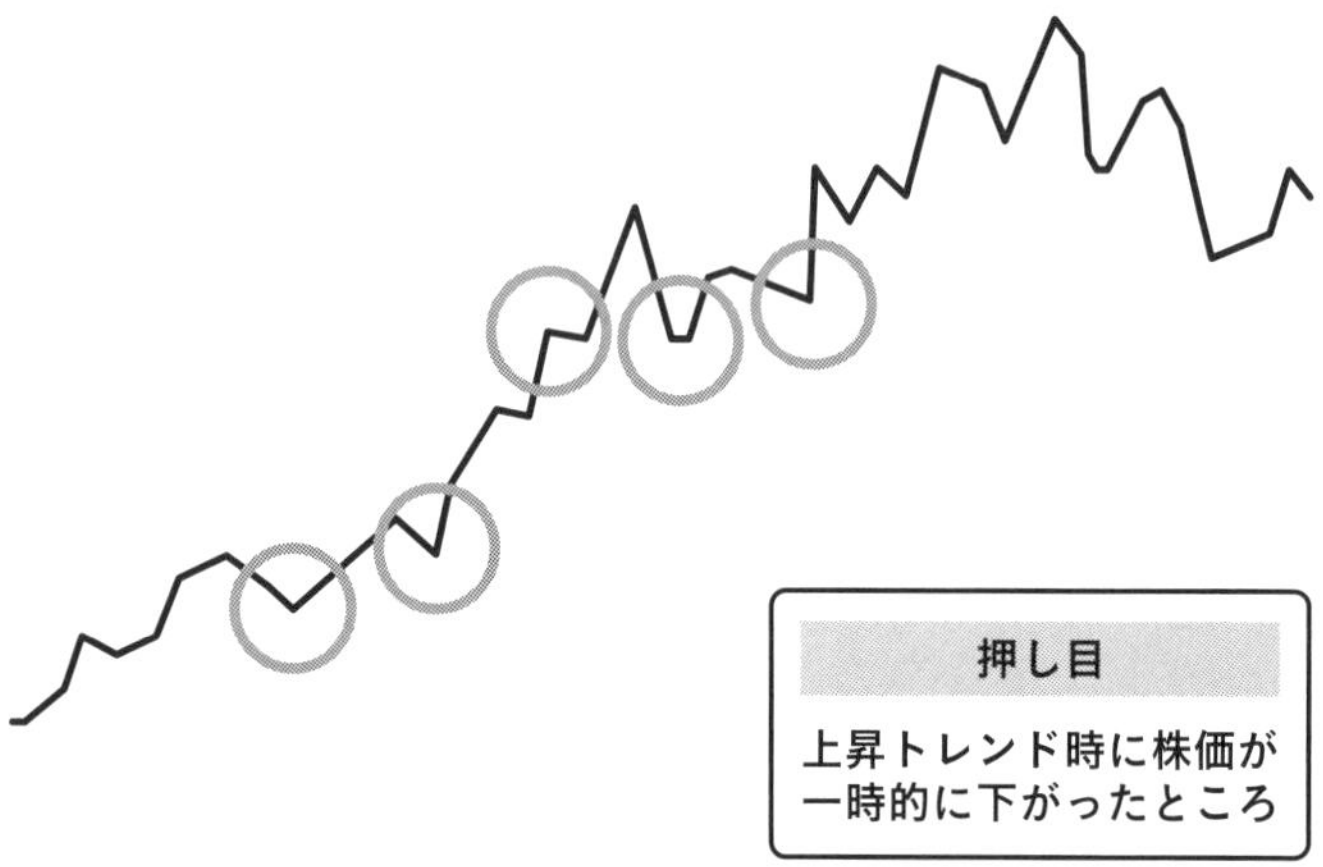
押し目
上昇トレンド時に株価が
一時的に下がったところ

るものです。

一方で、「この株価の下落は押し目だ」と読み、買い注文を出したところ、そのシナリオが崩れ、一気に下降してしまったとしましょう。

あなたは「こんな株を買うべきではなかった」と後悔するはずです。このときの正しい行動は損切りです。

でも、お金を減らす人は、この後悔をしたくないがために、自分の想定したシナリオにしがみつき、何も行動を起こさないのです。「いやいや、必ず巻き返して上昇するはずだ」と自分に都合のいい期待をしてしまうのです。

一度崩れてしまった株価は100日たっても回復しないことが多いものです。落ちるのは早いですが、元の株価に戻るのには時間がかかります。

「後悔したくない」という心理が、余計に損失を大きくしてしまうのです。

お金を増やす人は、**自分の想定していたシナリオが崩れたときは、謙虚にそれを受け入れます**。そして冷静に判断し、売却するわけです。

株式投資に願望や期待を持ち込んではいけません。他人に責任を押しつけるのもお門違いです。

Q A

商品力のある会社とはどんなところですか？

商品力というのは、他社にマネのできない技術を持っているということです。マネされるような技術しかない会社は、さほどの商品力があるとはいえません。

日本の小さな会社やベンチャー企業の中には、世界トップレベルの特殊技術を持った会社が少なくありません。そうした特殊な技術を持った会社をチェックしておくといいと思います。

野村マイクロ・サイエンスという企業は純水装置の世界的大手です。半導体の微細化が進むにつれ、ほんの僅かな埃やチリが致命傷になります。半導体の製造工程

［野村マイクロ・サイエンス株価変動］

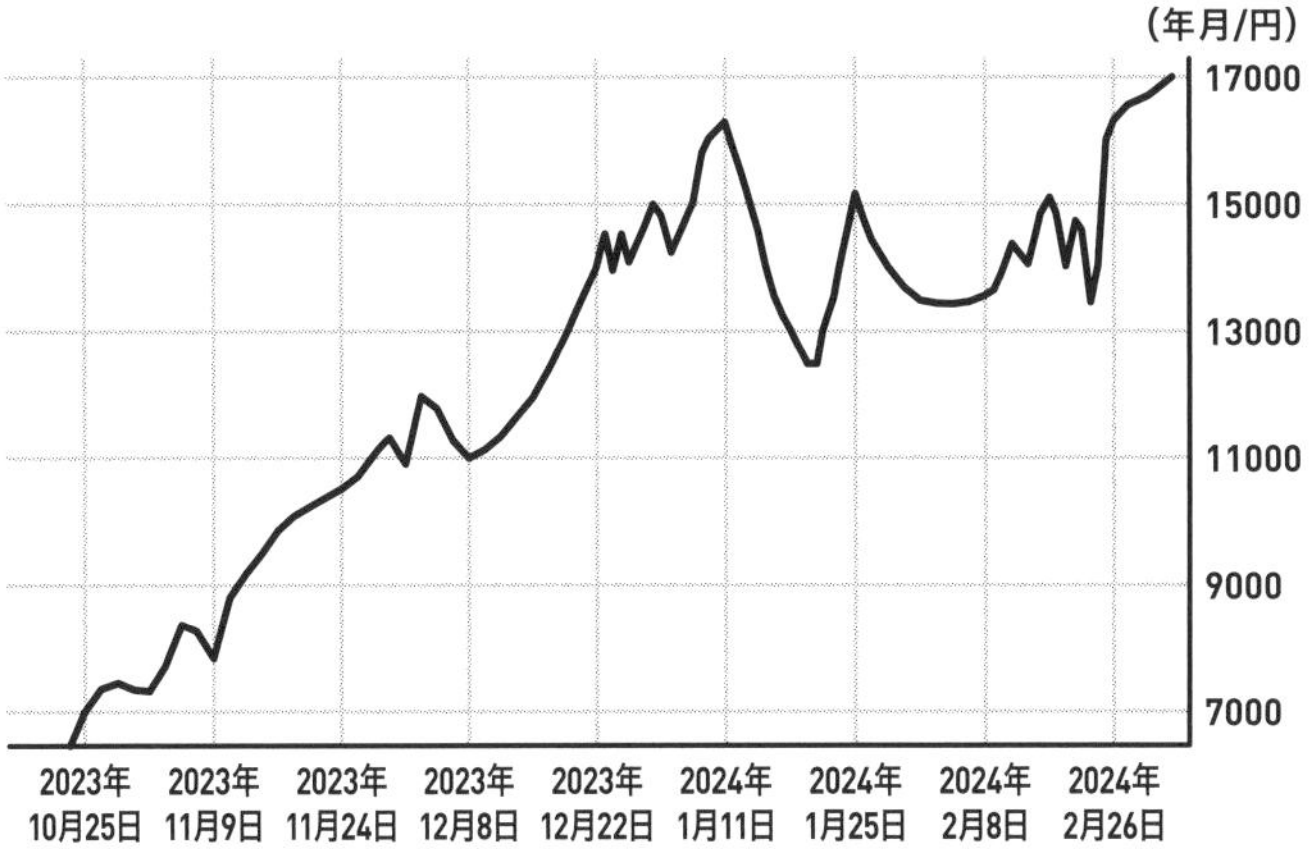

でも特に重要な回路形成などの前工程では、洗浄過程が3割以上あるといわれます。そうなると大事なのは純度の高い水での洗浄となります。

純水装置の会社は栗田工、オルガノとありますが、半導体に特化している企業の好影響は他社よりも大きくなります。

現に、第2四半期前年同月比259%増で、市場を驚かせた株価はたった2カ月で2倍の上昇となりました。

実はこういう銘柄が日本にはごろごろと眠っているのです。

認知的不協和

人は、自分の思っていることと、現実が一致しない場合に苦痛を感じます。

この不一致のことを**認知的不協和**といいます。心理学者のフェスティンガーは**「人間には、無意識のうちに自分に都合のいい情報や楽観的な情報だけを受け取り、自分に都合の悪い情報や悲観的な情報は無視してしまう傾向がある」**と指摘しています。

株式投資でこの認知的不協和にとらわれてしまうとかなり危険です。お金を減らす人は、好きな会社に肩入れしてしまうことがよくあります。

たとえば、郷土愛を持った広島出身の人がいたとします。彼は、どうしてもマツダや福山通運、リョービなどの広島出身の企業を応援したくなります。

ユニクロの第一号店は広島ですし、創業は隣の山口県です。瀬戸内海の美化運動も行っているファーストリテイリングを親戚のように考えているかもしれません。

すると、そうした企業のいい情報ばかりが目に入り、都合の悪い情報が目に入っても、楽観視してしまうことも多いのです。


お金を減らす人は、好材料と悪材料を分析するときに、自分の好みを反映させてしまいます。

その気持ちが自分自身に少しでもあると感じたら、その株を買うのは控えた方がいいといえます。

お金を増やし続ける人は、**自分の好みや都合は無視し、儲かる銘柄を買う**のです。

Q

大企業でもまだまだ伸びそうな銘柄はありますか？

A

有名な大企業は、いくら頑張っても売上がなかなか伸びません。日本国内の市場はすでに飽和状態だからです。自動車やビール、衣料品も、人口が減少している日本でこれ以上成長するとは考えにくいです。

自動車メーカーなどは、それを見越していち早く海外に拠点を築いています。日本企業でも、**これから海外に販路を拡大しようとしている企業は狙い目**です。

私が以前顧客にオススメしたのは、ユニ・チャーム（8113）、キッコーマン（2801）、東洋水産（2875）などです。

たとえば、ユニ・チャームは以前、海外の売上比率が10％でした。その頃、そう遠くないうちに30％以上にすると発表しました。

そして、実際に7～8年後に実現しました。それに伴って株価も上昇したのです。

このように、海外での販売を拡大すると発表している会社は狙い目です。

もちろん、その目標値が達成できそうかどうか、分析し判断して投資しなければいけません。

代表性バイアス

ある株式銘柄を、「この銘柄は成長株だ」と思っていたとします。

すると、後でその銘柄の悪い情報が入ってきたとしても、すでにバイアス（ものの見方の偏り）がかかってしまい、冷静に判断することができなくなります。

この自分の思い描いたイメージから逃れられなくなることを**「代表性バイアス」**といいます。

お金を減らしてしまう人は、このように一度信じたことを変えられません。「いいと思って買ったのになぜ下がったんだ。市場が間違っている」と言い出す人もいます。

お金を増やす人は、**下落したときは早めに見切ること**ができます。それは、**自分**

の間違いを素直に認めて受け入れることができるからです。

証券会社が「成長株トップ100」など、推奨している銘柄があります。インターネットニュースでも「割安株特集ベスト50」といった記事もあります。

こういった情報に対しては、「この会社は成長株だ」「この会社は割安銘柄だ」といって決めつけないことです。あくまでもそうしたニュースは参考程度に留めることが一番です。

そして、「これだ！」と思った会社を自分で調べてみます。決算情報を見て、売上がどう推移しているのか、どんな事業を展開しているのか、売上予想はどうなっているのか、これらを**冷静な目で見る必要**があるのです。

Q A

企業の決算発表で本当に株価は動くのでしょうか？

決算が発表され、成長が大きく期待できるような企業であれば素直に投資家は買うケースが多いです。

しかし決算が四半期ごとに出る以上、業種によっては四半期ごとの決算がズレてしまってその四半期が落ち込んで見えるときがあります。

たとえばM&A仲介の会社は期ズレが頻繁に起こります。

企業同士の譲渡が決まり双方から手数料をもらうわけですが、必ずしも仲介業者の決算の都合で縁談が決まるわけではありません。特に最近は大型化している傾向にあり、時間がかかるケースもあります。

［ストライク株価変動］

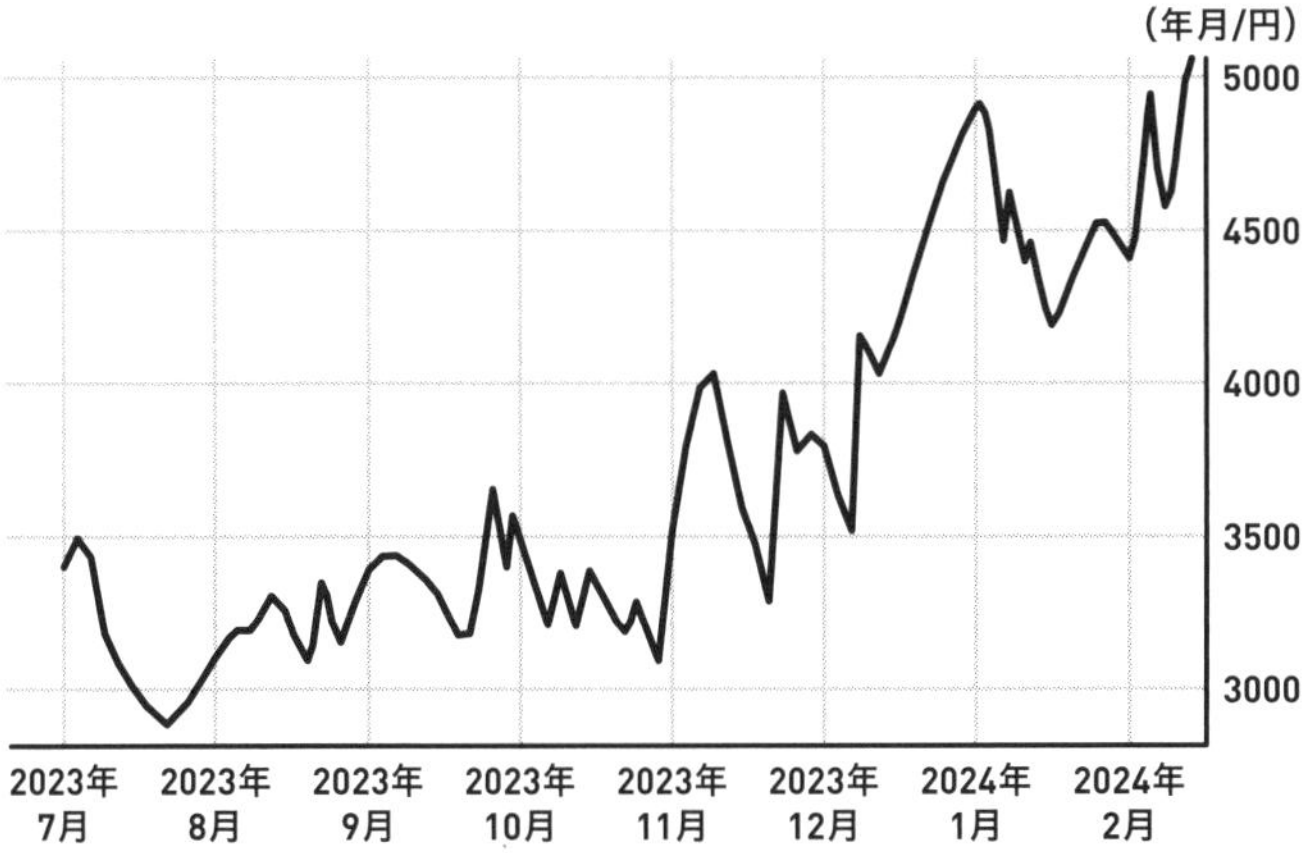

ストライクという企業もそうした傾向があり、四半期ごとの決算で失望され急落するケースがありました。2023年7月28日の第3四半期決算では前四半期に比べると進捗が悪く、大きく株価は下がってしまいました。

しかし、私は顧客にこの株式の買いを提示しました。

なぜならM&A自体は伸びていますし、第4四半期にズレているだけだとしたら、ここは買い場だと考えたからです。

実際その予想通りに動きました。直近高値から15%程度調整した後出直り、結局5カ月後の年末には6割高くなっていたのです。

このポイントは**市場が拡大しているか否か**です。今回のように第3四半期が大きく落ち込んだとしても、需要が強いからこそ信じることができたわけです。

しかし、このような予想とは異なり、本当に落ち込む企業もあります。ここは**最終需要を見極めることが大事**だと思います。

「株価がどう動くか」には、その会社ごとに癖がある場合があります。

決算でどのような数字が出ているのか、それが当初の予定とどのように違っているのか、企業ごとによく研究する必要があります。

自信過剰の状態

投資の世界にもビギナーズラックがあります。

インターネットで偶然見つけた銘柄、雑誌に取材記事が出ていた会社、そういった「たまたま見つけて購入した株」が上がることがあるのです。

あるいは、株価が下がってきた際に、少し買い増ししたところ、株価が持ち直したなど、もしこのようなことが何回か続くと、「自分は天才なのでは」と勘違いしてしまうことがあります。これは、**「自信過剰」**の状態です。

このビギナーズラックは、いずれ「勘違いだった」ことがわかります。根拠のない自信を持っている、それも過剰な場合は状況が悪くなったときに、次の手がなかなか打てません。

私の友人にもこれで失敗した人がいます。公開前のＩＰＯ株で、数度に渡る高額の利益を得た友人は、ある会社の新規上場にあたって初値（新規上場後はじめてついた株価）を買いにいきました。「大丈夫、この会社は初値から必ず上がるから」、彼は自信過剰の状態になっていました。

実際には上場して１週間後、株価は一気に下落し、大損をしてしまったのです。

お金を減らす人は、うまくいった取引が続くと、すぐに自信過剰になります。そして、間違った判断をしてしまうのです。

しかし、お金を増やす人は**勝とうが負けようが、常に冷静に自分の判断基準に基づいて取引をする**のです。

Q

下請け会社でも株価が急騰することはありますか?

A

下請けのような相手企業の要求に応じて生産するEMSというのがあります。

最近の事例でいうと半導体の製造受託開発企業TSMCという会社です。

半導体企業がTSMCに効率化の観点もあり、製造を委託するケースが増えました。

微細化の技術が急速に高まり、今では世界最大の微細化量産体制を引くことになりました。

こうなると自社で微細化技術は行えず、委託企業に微細化技術を頼るようになります。

［TSMCの株価変動］

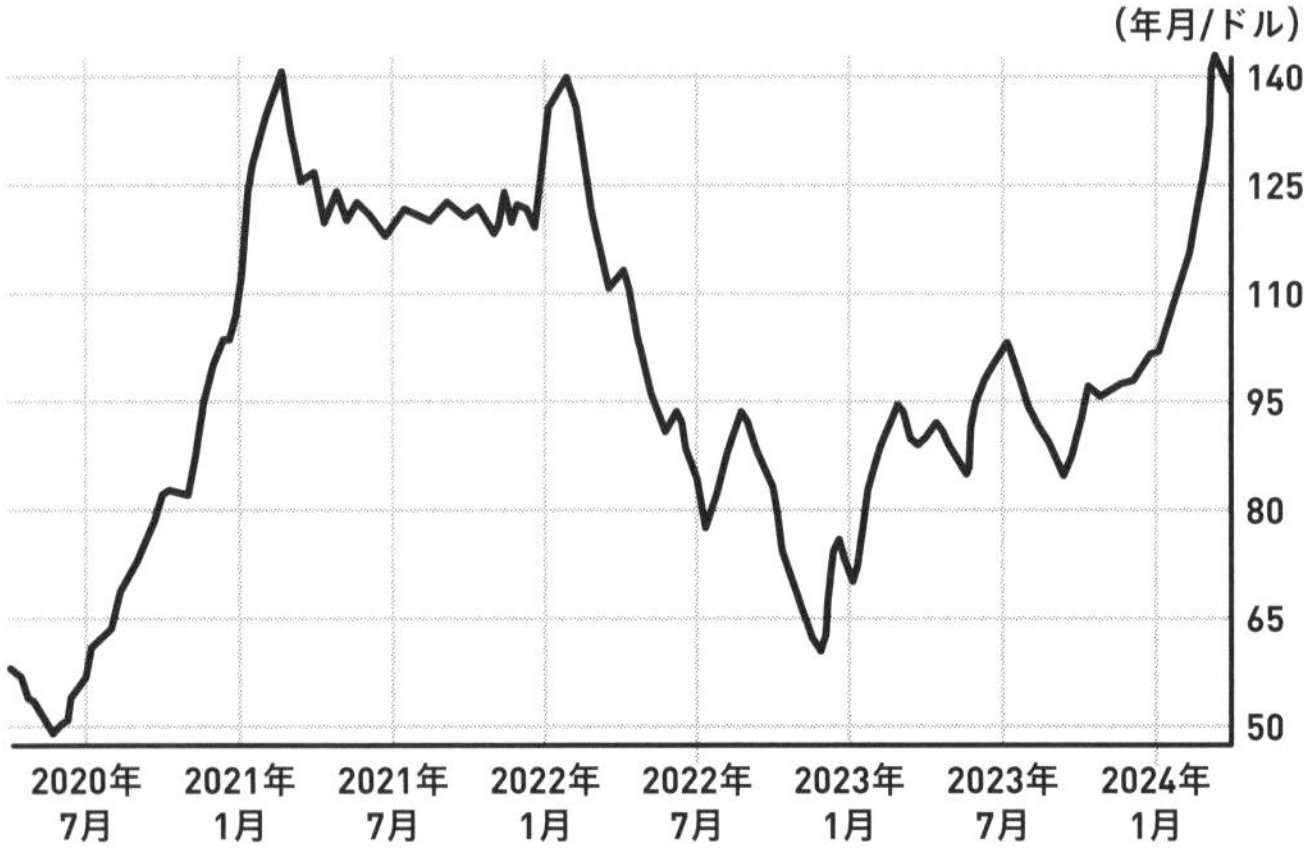

２０２０年初頭には50ドルほどだった株価は直近では１２０ドル（約１８０００円）を超えています。

つまり、下請けのような企業でも株価が急騰することがあるということです。

不合理行動

どんな状況下でも、投資は冷静に判断しなければいけません。

しかし、わかっているはずなのに、人はついつい我を忘れて間違った行動を取ってしまいます。ダイエットを決意したのに間食してしまう、夫婦で仲良くしたいのに顔を合わせると言い争ってしまう……。

その場の感情に従って実行される、合理的とはいえない行動のことを「**不合理行動**」といいます。株式投資の世界でもこれに似たような行動を取る人が少なくありません。

お金を減らしてしまう人は損失を出したときに、パニックになりやすいものです。損失を一刻も早く取り戻そうと、その日のうちに銘柄を選び、買い注文を入れるのです。たとえ良い銘柄が見つからなくても無理にでも購入しようとします。いわゆる「買い買い病」です。

そうなると、冷静さは消えてしまいます。冷静さを欠いてしまっては、上手な取引はできません。さらに、損失を拡大させる結果に終わるのです。

お金を増やす人は、このような理屈に合わない行動をしません。

たとえ損失が出ても単なる事実ととらえ、冷静な判断を心がけます。**良い銘柄が見つからなければ、取引しなければいいだけのこと**なのです。

お金を減らす人は、損失を一刻も早く取り戻そうと、取引せずにはいられず、イマイチな銘柄に買い注文を出してしまいます。

大事なのは、「これだ！」と思う銘柄が出るまで冷静に待てるかどうかです。

A Q

日本経済全体が急落しているときに、上昇する銘柄ってありますか？

2022年の9月から2023年の1月にかけて円高が進行し、日経平均株価は28000円台から25000円台へと急落しました。日経平均は輸出関連銘柄を中心にして割り出しますので、企業の業績が為替に大きく左右されます。

こうした場合は、**為替に影響を受けやすい国際優良株などより、為替に影響を受けづらい内需株に人気が集まります**。その際に投機資金（タイミングを見計らって儲けを出そうとする投資家）はテーマ株（話題の銘柄）をよく物色します。刺激的な情報を参照して短期売買をするのです。

テーマ株は業績の裏づけがない株も多いため、株価の上昇が長続きしないケースもあり、割り切った短期投資が行われることがあります。

ギャンブラーの誤謬《ごびゅう》

コイントスで9回連続表が出た場合、次の10回目は表と裏とどちらが出るのか、多くの人は、「9回も続けて表が出たのだから、そろそろ裏が出る」と考えます。このことを「ギャンブラーの誤謬《ごびゅう》」といいます。

1回1回の勝負の表が出る確率は2分の1です。毎回が独立した事象なのです。ですから、「9回も続けて表が出たのだから、そろそろ裏が出るのではないか」というのは明らかに間違っているのです。

投資はギャンブルではありません。つまり、投資のプロはこのような判断は行いません。

「株価が5日連続で下がり続けているから、そろそろ上がるのではないか？」

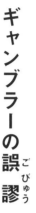

このような考えは、誤りの元なのです。**安くなっているのはそれだけの理由があります**。その理由を調べもしないで、そろそろ上がるのではないかと判断するのは軽率です。5日連続で下落した原因をちゃんと調べなければなりません。調べたうえで、株価が下がっている原因をその会社がクリアしていれば、今後上昇するはずです。しかし、まだその原因が解消されないままなのであれば、さらに下落することが多いのです。

お金を減らす人は、原因や理由を調べもせずに判断します。チャートを見て、「そろそろ上昇トレンドに入るだろう」と思うのです。何の根拠もなく直感で判断しているのです。**描いたシナリオ通りに動かないのが株式**ですから、**根拠のない直感は危険**です。

お金を増やす人は一旦立ち止まり、その原因や理由を探るのです。もちろん、チャートもしっかりと確認します。そして、**トレンドの変わり目を確かめて取引をするのです**。

Q

株価指数の上下に左右されない業界ってありますか？

A

たとえば「小売業界」「飲食業界」「建設業界」などは、比較的相場の影響を受けにくい業界です。

自分の得意な業界を見つけて、そこに絞って研究するのもアリです。

ただ、個々の企業努力によって業績が変わりますので、個別の企業研究も必要になります。

感情コントロール

感情の起伏が激しい人は、株式投資でなかなか勝てません。

少し負けるとすぐに冷静さを失って、タイミングを計らずに買おうとしたり、勝ってもまた、有頂天になったり、いい加減な投資をしてしまい、結局大損します。

つまり、**「上がるときはもっと上がると思い、下がるときはもっと下がると思う」**のです。

乱高下するような株を買ってしまうと、その株価に心が完全に振り回されてしまいます。まるで、**株価の奴隷**です。お金を減らす人は、そんなふうに自分の感情がコントロールできなくて、損ばかりしています。

しかし、お金を増やす人は、**常に穏やかな心を持ち、常に冷静に判断することが**

できるのです。

私の友人に、ソフトバンクGと決めて、ソフトバンクGだけに投資する人がいます。ソフトバンクGだけなので、企業研究も情報も抜かりなく集めることができます。

そうすると、ソフトバンクGの動きがある程度見えてくるのです。特に現在は投資会社になっており、世界的なマーケット環境、力を入れているAI関連株動向に株価が左右されます。

コロナの直前まで3500円から4500円程度のボックス圏での動きでしたが、コロナ禍では10000円を超えるまで上昇しました。

動きが読めないときは無理して売買せず、寝かせています。そして、次のチャンスを待って投資するのです。そんなスタイルを貫いていますから、感情は常に穏やかです。

そうはいっても、ときには短期決戦をする必要がある場合もあります。短期決戦になるとどうしても集中しなければなりません。その際は、ある程度の**ルールを決めておくこと**です。

たとえば、株を1000円で購入したときに、「この株は、1100円になったら売る」とか、「900円まで下がったら損切りする」とか、そんなルールを決めておけば精神的にも安定します。

買った株が下落したときのルールが重要です。どうしても、損をしたくないという心理が働きますので、100円下がって売るという決断はなかなかできません。

しかし、それをしないと機会を損失してしまいます。

Q

こんな低成長時代に儲かる株なんてありますか？

A

どんなときでも急成長する会社はあります。

特に**新規上場したばかりのIPO銘柄は大化けする可能性**があります。業績を伸ばし成長性の高い会社が多いからです。

2022年6月にM&A総研ホールディングスが上場しました。

M&Aの企業はすでに何社か上場していましたが、ここは独自のマッチングシステムを活用し他のM&A企業とは一線を画していました。

2050円ほどで上場した株価の「3分割考慮で850円程」はあっという間に上昇し、直近高値が分割前株価換算で2万円に達するなど「3分割考慮で6800

[M&A総研ホールディングス株価変動]

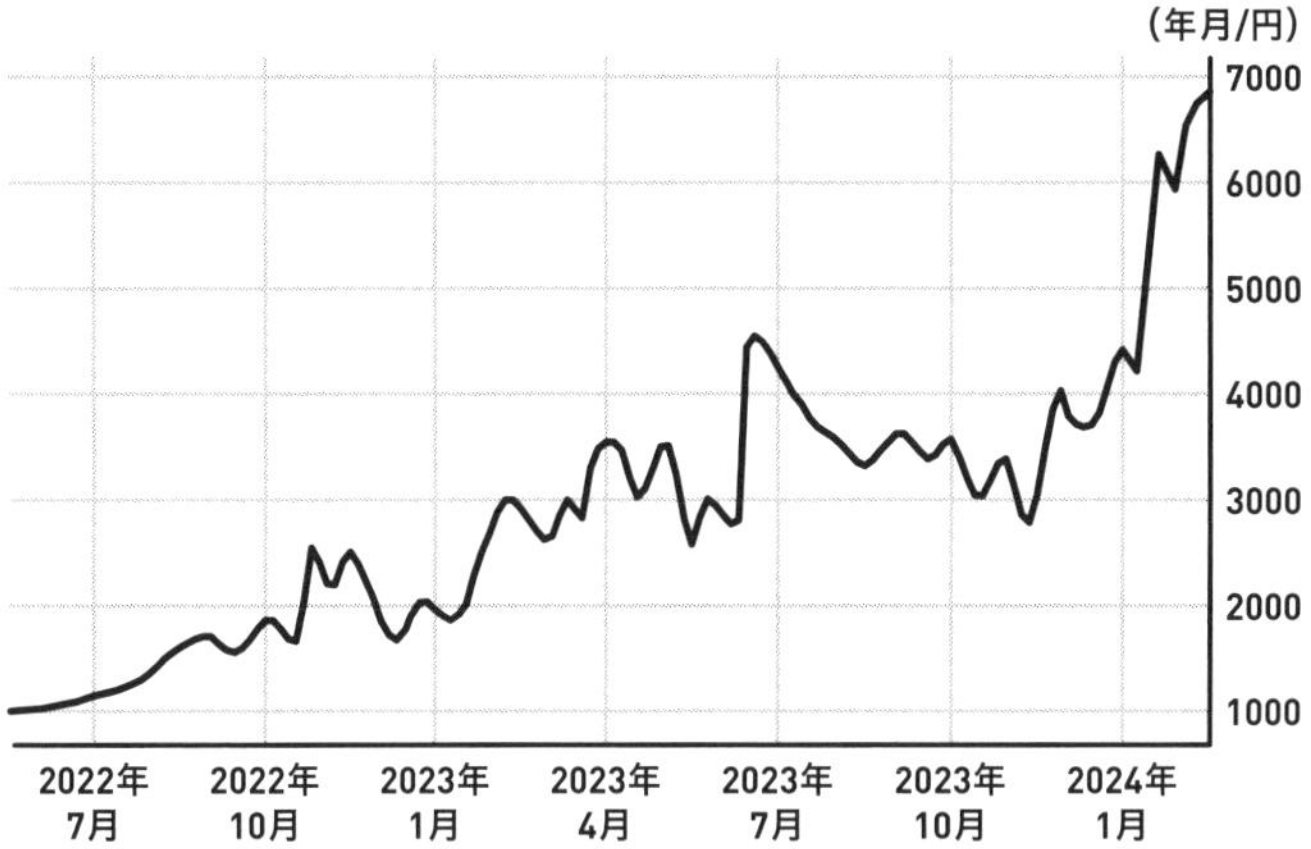

円ほど」へと僅か1年半で8倍になりました。

しかし、公募価格が高く設定された会社や人気の出ない会社は上場開始直後から値下がりすることもありますので気をつける必要があります。

お金を増やす人は、そういう銘柄には**自信のあるとき以外は飛びつきません**。一時的なもので継続性がないからです。

むしろ、目新しさのない平凡な銘柄を注文するのです。

おわりに

最近お会いした30代前半の会社員の方との会話です。

長谷川「今の日本や米国の政策を見ているとインフレ政策です。特に日本はデフレに慣れ切っていて、私の知り合いやお客様でも現金が一番です。銀行の僅か0・02%の金利でも満足している方が圧倒的に多いのです。インフレに強い資産運用手法の一つに株式があります。株価変動のリスクを抑えて毎月一定金額を積み立てる投資信託などはいいと思います」

お客様「私は独身で、子どもがいるわけでもありませんから、大きくお金がかかることもありません。仕事もしているし、お金に働いてもらおうなどとは思いません。減らないのが一番安全です」

お客様は真顔で答えられました。

本書の冒頭（はじめに）でお話しした男性と、逆の意見です。

デフレ経済が20年近く続き、今の若い人は完全にデフレに慣れ切っています。一部の人だけが、投機的デイトレーダーとして、ゲーム感覚で株式や先物、ＦＸなどで莫大な利益を上げていますが、大半の人々は、まだ現金が一番安全だと信じています。

「国策に逆らうな」との言葉があるように、国がインフレ政策に舵を切った以上、あの手この手でインフレを仕掛けてくると思われます。

「資産インフレ」が一番手っ取り早いかもしれません。

いずれにせよ日本は人口減少に直面しています。労働者人口が減り、高齢者の比率が益々高くなるのですから自助努力が必要です。

ぜひ、この本をきっかけに、株式投資をはじめることで、あなたの未来への一助にしていただければ幸いです。

長谷川　伸一

【著者プロフィール】

長谷川伸一

ファイナンシャルアドバイザー
（株）アセットマネジメントあさくら 専務取締役
福島県福島市出身。三菱 UFJ 証券ホールディングス（入社時、太平洋証券）で証券営業を行った後、投資アドバイザー業務を経て、2012 年 11 月にアセットマネジメントあさくらに入社し、2015 年 11 月より現職。
「顧客が安心して資産形成するための保険と株式投資を組み合わせたハイブリッド資産運用」を得意とし、特に株式投資では、「企業の中核技術やサービスを的確に調べつくしながら、投資候補先の事業の未来を予測する手法」が、投機的投資に寄らない思考を教えてくれると、顧客からも厚い信頼を得ている。夕刊フジの『株 - 1 グランプリ』で、上位へのランクインを数多く果たす他、3 度の月間チャンピオンに輝く。
『ラジオ NIKKEI』『BIG tomorrow』『月刊ネットマネー』『週刊現代』等、さまざまな雑誌やメディアなどにも登場し、さらにはチャンネル登録 14.7 万人の ASK1「朝倉慶の株式チャンネル」でも毎日（2024 年 4 月現在）、市況の解説を行っている。著書に『投資でお金を増やす人、減らす人』（総合法令出版）、『株で月 10 万円のお小遣いと将来 1 億円に化ける方法』（ぱる出版）がある。

※本書で紹介している情報は、2024年4月時点での情報です。変更になる場合もありますので、ご留意ください。
※本書に掲載している情報はあくまでも情報提供を目的としたものであり、特定の商品についての投資や売買を勧める目的としたものではありません。
※本書で紹介した情報は、細心の注意を払っておりますが、正確性・完全性について保証するものではありません。個別の情報についてはご自身で直接各機関へお問い合わせください。
※本書に掲載している情報の利用によって何らかの損害を被った場合、著者および出版社は責任を負いかねますので、投資にあたっての最終判断はご自身でお願いいたします。

お金の動きに強くなる
投資の入口

2024年5月21日　初版発行

著　者　長谷川伸一
発行者　野村直克
発行所　総合法令出版株式会社
〒103-0001 東京都中央区日本橋小伝馬町15-18
EDGE小伝馬町ビル9階
電話　03-5623-5121
印刷・製本　中央精版印刷株式会社

落丁・乱丁本はお取替えいたします。

ISBN 978-4-86280-947-6
総合法令出版ホームページ　http://www.horei.com/